中国农业科学院创新工程项目经费资助

中国农机保险实践与探索

Practice and Exploration of China's Agricultural Machinery Insurance

曹 蕾 王翌秋 等 著

中国农业出版社
农村读物出版社
北 京

作者名单（按贡献大小排序）：

曹　蕾　王翌秋　曹光乔

周朝宁　过　妍　祝云逸

李良玉　李韵熙　徐　敏

前　言

随着我国农业现代化加速推进，在农业机械（以下简称"农机"）购置补贴政策的激励下，我国农机保有量快速增长，成为农业生产的主力军。然而，由农机引发的事故也逐渐增多，事故会致使相关农户家庭"一夜返贫"，并可能会影响农业生产稳定、农民收入持续增加和农村社会和谐发展，逐渐引发社会广泛关注。保险具有社会经济"稳压器"的作用，因此发展农机保险刻不容缓。国务院高度重视农机保险发展，为了保证农机保险政策的落实，2013年通过《农业保险条例》赋予了农机保险属于涉农保险的法律地位，是政府以及各地区开展、推广农机保险政策的法律依据。上海、江苏、北京、陕西、湖北等地先后开展了农机保险试点工作，并逐渐形成了以上海为代表的政府主导下专业保险公司经营模式、以江苏为代表的政府扶持下商业保险公司经营模式和以陕西为代表的互助保险经营模式。

为了总结分析现阶段我国农机保险不同经营模式发展成效及存在的问题，帮助其突破瓶颈，使农机保险能尽快在全国范围内施行，使更多的农机户和农机生产服务组织享受政策利益，本书以江苏和陕西为例，在广泛调研的基础上展开分析研究，共分为9章。第一章从我国农机保险业务的发展历程出发，介绍农机保险的研究背景和目标。第二章着重介绍农机保险的相关概念、农机保险合同中的相关保险学术语以及保险学基本原理、福利经济学理论、准公共产品理论、利益相关者理论等农机保险相关理论。第三章通过梳理我国农机保险业务发展过程中出台的相关政策文件，分析试点地区在农机保险业务发展过程中形成的3种典型模式的优缺点，详细阐述我国农机保险的探索实践情况。第四章借鉴相关农业保险财政补贴理论探讨我国农机保险财政补贴的理论基础，并分析财政补贴农机保险后所产生的收入效应和替代效应，阐述农机保险财政补贴的作用机制。第五章以江苏为例，利用样本农户的调研数据，研究农户关于农机保险的支付意愿和影响因素，为改进农机保险产品设计和制度优化提供参考。第六章在分析日本、法国等国外农机互助保险发展经验的基础上，以陕西为例，重点分析我国农机互助保险发展成效。第七章以江苏为例，通过事故案例研究农机保险理赔效果，探究其是否能够切实减轻农机事故给农户造成的经济负担，在不同地区、不同政策背景下对保险赔付效果进行对比分析的基础上，提出政策建议，力图为其他地区提供参考。第八章以江苏地区样本数据为基础，运用计量经济学方法研究农机保险与土地流转、农机对外服务和农户的其他生产性设施投入等行为之间的关系，探究农机资产专用性与农机保险对农机户生产经营的影响。第九章在前文的基础上展望我国未来农机保险发展前景，并提出政策建议。

本书首次尝试重构农机保险市场，通过江苏地区近300份的农机户调研，通过统计分析和计量分析深入研究导致我国农机保险参保率不足的农机户的原因；搜集数百份事故农机户信息，分析农机保险赔付比例及分担农户经济压力的效果，研究制约我国农机保险服务水平提高的保险公司的原因；基于资产专用性理论，研究农机保险对农户土地流转和农业生产、投入行为的影响机制。本书的写作得到了中国农业科学院创新工程项目经费的资助，并且其中部分章节内容以论文的形式发表于《农业技术经济》《财贸研究》《中国农机化学报》等学术期刊。然而受限于研究团队能力和水平，本书难免有疏漏之处，希望能够得到学界同仁和广大读者的批评指正。

目　　录

第一章

绪　论

第一节　研究背景

2017 年，党的十九大报告提出要"建立健全城乡融合发展体制机制和政策体系，加快推进农业农村现代化"。农业现代化的推进，对我国农村地区社会经济的发展有着重大意义。改革开放以来，我国大力发展高效农业，推动了农业生产条件、技术的现代化及规模化发展，刺激了我国农业机械化（以下简称"农机化"）发展的需求，农机化对农业生产活动的影响力也愈加显著。为促进现代农业和农村经济的发展，推动农机化进程，我国于2004 年出台了《中华人民共和国农业机械化促进法》①，法律规定农机化的核心概念是适当地运用先进的农业机械（以下简称"农机"）设备逐步取代原有的较为原始的人力、畜力等生产工具的过程，政府应加大财政扶持力度以促进农机化的发展，实施政策的同时遵循因地制宜原则，充分考虑农机化的实际发展情况，在促进农机化发展的同时，也要考虑安全性和环境问题，争取实现财政资金的效率最大化。2004 年以来，15 个中央 1 号文件连续将农机购置补贴作为一项重要的惠农政策，截至目前已累计投入中央财政资金逾 2 000 亿元，仅 2016 年就达到 186 亿元，并且此后每年的中央财政补贴资金都将维持在 200 亿元左右。2019 年 1 月 3 日，中央 1 号文件提出要"支持薄弱环节适用农机研发，促进农机装备产业转型升级，加快推行农业机械化"，体现出中央政府对我国农机化发展高度重视。在财政资金的大力支持下，我国农机化发展进程不断加快。2016 年我国农机总动力达到 9.88 亿千瓦，比 2004 年增加4.88 亿千瓦，增幅达 102%，维持着平均每年 5%的增速，带动主要农作物机械化生产水平不断提高，2016 年全国农作物机械耕整地、机械播种和机械收获率分别达到 81%、53%和 56%②。自 2016 年开始，购机补贴不再限定机具范围，做到应补尽补、敞开补贴，机械化生产将全面渗透农业生产的全过程，

---

① 《中华人民共和国农业机械化促进法》由中华人民共和国第十届全国人民代表大会常务委员会第十次会议于 2004 年 6 月 25 日通过，自 2004 年 11 月 1 日起施行。

② 数据来源：根据中国农业机械化信息网及公开资料整理所得。

以提高我国农业综合生产能力。伴随着农机化的快速发展，农机事故频发等问题备受关注。农机作业风险属于高危风险，农机化生产已被列为我国安全生产的 13 个重点行业之一。据统计，2017 年共发生农机事故 2 683 起，造成 917 人死亡、1 957 人受伤，直接经济损失 2 064.64 万元，平均每起事故损失 0.77 万元。其中，发生在国家等级公路以外的农机事故共 829 起，造成 130 人死亡、226 人受伤，直接经济损失 1 396.04 万元①，平均每起事故损失达 1.68 万元，较 2016 年平均每起事故多损失 0.47 万元。虽然事故总数、发生在国家等级公路以外的事故数、死亡人数、受伤人数、直接经济损失额均较 2016 年有所下降，但对于发生在国家等级公路以外的事故，平均每起事故损失远高于平均损失额，较高的事故经济损失额将会给农户带来较大的经济负担，农机事故还会给农机手及他人的生命和财产安全造成负面影响，不利于农村社会的和谐与稳定。若没有农机保险就意味着农机手在进行农机作业时没有保障，一旦发生农机事故，轻则机器损毁，给农户造成经济负担，重则造成人员伤亡，后果不堪设想[1]，甚至可能会影响我国农村经济的发展。因此，开展农机保险已刻不容缓。

为了保证农机保险政策的落实，2013 年 3 月 1 日国务院颁布并实施《农业保险条例》②，并做出"经营有政策支持保险业务的保险机构，可将本条例相关规定作为参照准则"的规定。该条例赋予了农机保险属于涉农保险的法律地位，是政府以及各地区开展、推广农机保险政策的法律依据，同时也为我国开展农机保险业务奠定了坚实的法律基础。我国是一个农业大国，在农业现代化发展步伐加快、农机事故经济损失及人员伤亡情况居高不下的背景下，农机保险的作用将愈加明显。实施农机保险不仅能够增强农户购买农机的意愿[2]，还能够分散农机操作风险，缓解农机事故造成的经济负担[3]，稳定农业生产信心，保障农户财产安全和收入稳定，对促进农村经济发展、维护农村和谐稳定具有重要意义[4]。农机保险不仅是农户防范事故风险的重要手段，也是一项替政府分忧、为百姓分担的重要举措[5]，因此发展好农机保险十分必要。

拥有农机的生产服务组织和种植大户是我国农业生产的主力军，农机保险作为一种风险管理工具，在帮助农户分散农业经营中面临的各种事故风险、减轻其遭受的农机事故损失、保证其农业生产的积极性和维护农村社会和谐稳定

---

① 数据来源：根据农业农村部办公厅、中国农业机械化信息网及公开资料整理所得。
② 国务院于 2012 年 11 月 12 日发布，自 2013 年 3 月 1 日起施行。

等方面发挥着重要作用[2]。随着我国农机化进程的加快，公众日益重视农机保险在农业发展中的作用，上海、江苏、北京、陕西、湖北等地先后开展了农机保险试点工作[6]。依据保险大数法则的要求，农机保险业务的开展需建立在大量农户参保的基础上。但当前我国农民总体收入水平偏低，农机保险较高的费用标准阻碍了农户的投保积极性[7]，较低的参保率使得保险公司无法依据大数法则和历史数据精确预测出农机事故的经济损失并厘定合理的保险费率，农机保险业务的开展将受到极大阻碍。提高参保率最直接的办法就是给予农户保费（保险费）补贴[8]。上海市于 2005 年起率先开始实施农机保险财政补贴政策[4]。经过多次调整，上海市的财政补贴比例从保费的 30％提高至 50％，并由市、区两级财政承担。2012 年，陕西省开始对拖拉机和联合收割机互助保险提供财政保费补贴，其中省级财政补贴占 30％，市级财政补贴占 10％[9]。2015 年，江苏省对农业机械综合保险（简称"农机综合险"）①给予不低于保费总额 50％的财政补贴，其中省级财政对苏北、苏中和苏南地区分别提供50％、30％和 20％的补贴比例，差额部分由各级地方财政补充。与快速增长的农机保有量相比，即使政府提供了比例较高的财政补贴，但由于农户对农机事故的危害性认知不足、存在侥幸心理、安全意识薄弱等原因，我国农户的农机保险参保率仍旧偏低[1,10]。2016 年，湖北省农户的农机参保率仅 14％左右；2017 年，江苏省共有拖拉机、联合收割机 110 余万台，其中仅 13.69 万台农机参加了农机政策性保险，整体参保率（含拖拉机道路交通强制保险）为12.45％，其中农机综合险的参保率更低，仅 7.22％左右②。

　　农户作为保险市场的主要参与者之一，其对农机保险的需求水平不仅会影响保险公司开办农机保险业务的积极性，更会影响政府保费补贴等政策激励措施的制定与实施。合理的保费补贴等政策激励措施能有效提高农户对农机保险的需求意愿，而保费补贴的设立与激励措施的制定均依赖于农户对农机保险的支付意愿[8]，因此，开展农户农机保险的支付意愿研究就显得尤为重要。本书以江苏为例，展开问卷调查，基于微观数据研究农户对农机综合险的支付意愿及其影响因素，为江苏省农机保险产品设计及其补贴制度的优化提供决策依据。而对参保农户的生产经营行为特征进行分析，研究农机保险与生产经营行为之间的关系，可以为制定更有效的农户参保刺激措施提供参考。

---

　　①　江苏省推行的农机综合险是指涵盖农机损失保险、第三者责任险和操作人员责任险 3 种保障的农机保险。投保人只需缴纳 1 份保险的保费金额，就可同时享受 3 份保险的保障服务。
　　②　资料来源：关于 2017 年度全省农机政策性保险工作情况的通报（苏农机法〔2018〕1 号）。

从江苏省农机保险的投保情况来看，2016 年江苏省在苏州、南通等 5 个市进行政策性农机保险试点后于 2017 年在省内全面展开农机保险业务，当年共有 13.69 万台农机参保，总计保费 6 344.27 万元，参保农机中共发生事故 2 835 起，保险赔付支出 2 525.90 万元，赔付率达 36.7％ *。农机保险赔付率较高，就 2017 年淮安市一起农机事故而言，王某在太平洋保险为拖拉机购买了道路交通强制保险和农机综合险，自缴保费 440 元，政府补贴 660 元，事故造成第三者死亡，共获得理赔 313 456 元，倘若没有农机保险真的可以说是"辛辛苦苦好几年，一夜回到解放前"，农机保险对农户以及农村经济发展的重要性不言而喻，因此开展农机保险的赔付研究同样显得尤为重要。

本书将从农机保险的定义、基础理论、发展历程、探索实践等方面对农机保险做出一个全面而又详尽的介绍。此外，本书还通过对江苏省农机保险以及陕西、湖南等省份农机互助保险进行调查研究，通过对试点地区农户的农机保险支付意愿以及农机保险理赔效果进行定量分析，探究影响各试点地区农户农机保险需求的因素以及保险的理赔效果，并对此提出相应的政策建议，力图为其他地区提供参考，促进我国农机保险政策更好地贯彻落实，从而提高财政资金的使用效益、增进农民福祉、保障农机化快速稳定发展，最终促进农村经济的健康发展。

第二节　研究目标

近年来，在政府的大力支持下，我国的农机保险业务发展较为迅速，但农机保险在发展过程中仍存在农户参保率偏低等问题，农机保险的赔付是否能够减轻农机事故给农户造成的经济负担，充分发挥保险的损失分摊功能还有待考究。本书总的研究目标是：梳理各试点地区不同农机保险模式特点及开展情况，并分析我国农机保险的农户需求意愿、农机保险的赔付效果以及农机保险对农户农业生产的影响，为促进政府部门适时适当地调整农机保险政策提供政策建议，为试点地区农机保险业务的发展、农村地区社会和谐稳定以及农机化的发展提供科学依据。

具体来说，本书的主要研究目标可以分为以下几个方面。

目标一：在研究农户的农机保险需求意愿时，通过结合已有公共产品支付

---

* 数据来源：根据中国农业机械化信息网、江苏省农业机械化信息网及公开资料整理所得。

意愿和农业保险支付意愿的研究方法，通过运用定量分析的方法对江苏省农户的农机综合险支付意愿进行影响因素的分析，测算样本农户的平均支付意愿值；此外，在参照江苏省现行农机保险条款的基础上设计出 3 款不同保额的农机综合险产品，并针对每款保险产品提供 3 种不同的保费补贴比例，通过分析不同保费补贴情形下农户对多档保障水平农机综合险的支付意愿及其对应的参保率，从政府及保险公司两个角度出发，研究多档保障水平的农机综合险产品的保费定价区间，为江苏省政府优化现行农机保险产品设计、制定合理的保费补贴政策提供决策依据。

目标二：在对农机保险的赔付效果及其影响因素进行研究时，首先，论述江苏省农机保险的参保、投保及理赔现状，并对江苏省农机风险事故的类型、事故的发生原因以及事故的伤亡情况进行描述性分析。其次，对江苏省各市、县发生农机事故并获得理赔的农户情况进行分析，探究农机保险的赔付功能是否能够减轻事故经济负担，并对农机事故案例进行对比分析，进一步探究农机保险赔付功能对于减轻农户在遭遇农机事故时造成的经济损失的负担程度。

目标三：在研究农机保险对农户农业生产的影响时，由于农机资产的高度专用性和农机作业高风险的特征，农户的农业生产经营行为也就具有一定的特殊性，本书使用对江苏省扬州市江都区、宿迁市泗阳县和徐州市丰县 3 个县（区）农机户生产经营行为的调查数据，探究农机资产专用性对农户生产经营行为所产生的影响，以及农机保险作为最主要的农机事故风险规避方式，在农户生产经营中因预期经济风险得到规避对农户的生产经营行为产生的影响。

第三节 研究内容及数据来源

一、研究内容

针对以上具体的研究目标，本书的研究内容主要包括以下几个方面。

研究内容一：对农机保险的相关概念及其发展现状进行详细阐述。首先，对农机保险及其相关概念和理论基础进行详细阐述。其次，对我国农机保险的发展历程以及各试点地区的探索实践进行详细论述，阐述我国农机保险业务的发展现状以及取得的相应效果。

研究内容二：在对江苏省农户的农机保险需求意愿进行研究时，首先对样本农户的农机综合险支付意愿分布情况以及样本的总体特征因素进行描述性分析，并对样本的总体特征因素按照农户愿意购买农机综合险和不愿意购买农机综合险的分组进行 T 检验，初步分析农户农机综合险支付意愿的影响因素。其次，对农户农机综合险的支付意愿进行回归分析，在参照已有公共产品支付意愿和农业保险支付意愿研究结果的基础上，选取可能影响农户农机综合险支付意愿的 4 类因素（农户个人基本特征、家庭基本特征、对风险的认知和对农机保险的认知），并运用 Cox 比例风险模型对这些影响因素进行定量分析，同时运用克里斯特伦的 Spike 模型计算法测算样本农户的农机综合险平均支付意愿值。最后，通过绘制不同产品组合下农户的农机综合险支付意愿和参保率关系图，从政府及保险公司两个角度出发，研究多档保障水平的农机综合险产品的保费定价区间，为江苏省优化现行农机保险产品设计、制定合理的保费补贴政策提供决策依据。

研究内容三：在对农机保险的赔付效果进行研究时，首先，对江苏省农机保险试点地区业务的发展现状进行详细论述，通过对 2016—2017 年江苏省农机保险实施以及农机事故情况的宏观数据进行分析，研究江苏省农机保险参保、投保及理赔情况。其次，对获得农机保险理赔的农户进行调研，通过对收集的问卷数据进行描述性分析，初步分析样本农户拥有农机的数量、农机事故发生的类型、事故的伤亡程度及规避事故采取的措施，并分析农户对农机保险理赔的满意度。再次，对农机保险赔付是否能够减轻农户经济负担进行研究，本书通过将农机事故赔付对农户造成的影响分析分成两个方面，通过对样本的对比研究不同情况下农机保险赔付对农户经济负担的影响。最后，通过对农机事故的案例进行分析研究，进一步剖析农机事故的发生原因、事故类型以及事故对农户家庭的影响程度，并分析农机保险赔付是否能够减轻农户经济负担，进一步分析其影响因素，为根据保险的保障程度研究设计最适保费与保险险种提供依据。

二、数据来源

本书所引用的数据除来源于《中国统计年鉴》、中国农业机械化信息网、江苏省农业机械管理局网站等公开资料外，还通过对我国农机保险试点地区的农户进行问卷调查获得。为使本书第五章和第八章的农机保险实证研究更加严谨合理，本研究于 2018 年 4 月对镇江市等地区的农户开展预调查工作，获得相应预调研数据。于 5～6 月组织农机保险专家座谈会议，通过与专家的沟通交流和对预调研数据的分析处理，并对农机综合险支付意愿的调查问卷进行修改完善，最终完成正式调研所需的问卷。在 2018 年 7 月的正式调研中，调查了来自江苏省扬州市江都区、宿迁市泗阳县和徐州市丰县各 4 个乡镇①从事农机管理与农机保险的相关负责人和农户②，以及南通、苏州、连云港等地的农机户，共获得 335 份问卷，剔除重要数据缺失的样本，获得 295 份有效问卷。

---

① 扬州市江都区选取的 4 个镇分别为：丁伙镇、大桥镇、丁沟镇和真武镇，宿迁市泗阳县选取的 4 个乡镇分别为：三庄乡、高渡镇、裴圩镇和南刘集乡，徐州市丰县选取的 4 个镇分别为：师寨镇、欢口镇、赵庄镇和梁寨镇。
② 本书所选取的调查对象为家中均拥有农机的农户，文中的"农户"一般是指家中拥有农机的农机户。

第二章

农机保险术语与基本理论

为使读者能够更加深刻地了解农机保险，本章着重介绍农机保险的相关概念以及农机保险合同中的相关保险学术语，同时本章还将阐述本书后续研究所涉及的相关经济学理论基础，为本书后续章节的实证分析研究打下坚实的理论基础。

第一节　农机保险术语

一、农机保险相关概念

（一）农机

狭义的农机[9]指的是在家禽饲养、作物耕种等日常农业生产活动以及对相关农产品的进一步加工处理等后续工作过程中用到的各类机具设备，包括农作物耕种或收割机械、农田灌溉机械、粮食运输机械和家禽饲养机械等。在狭义的农机基础上，广义的农机还涉及水产养殖器械和桑蚕等农副产品培育机械等。农机的分类方式较多，可按用途、所用动力及其配套方式、作业方式和作业地点分类。本书研究的农机主要包括耕地、播种、收获、田间作业以及道路运输等与农业直接相关的农机。因此，按照农机作业方式将农机分为行走作业和固定作业两类。行走作业的农机主要是指由自身驱动力或作业过程中具有动力的设备进行拖动、存在空间位移的农机设备，主要可分为运输型道路移动农机、兼用型道路移动农机和田间移动农机，其中重点和代表性农机是各种类型的农用车、收割机和拖拉机；固定作业的农机主要是指在作业过程中位置保持相对固定的农机。

（二）农机风险

1. 农机风险的定义　农机风险[10]是指农民在购买农机时或操作过程中可能遭受损失的不确定性，主要包括农机事故风险、质量风险、农机购置风险、市场价格波动风险4类。其中，与农机保险有直接关联且能够通过农机保险进行风险规避的是农机事故风险，因此本书研究中所指的农机风险均为农机事故风险。

（1）农机事故风险。农机事故是指农机在作业或者是转移过程中造成人员伤亡、财产损失、财务损失的事件。农机事故风险是指发生农机事故给农户造成经济损失的可能性。在农机使用过程中，造成农机事故的因素主要可以分为农机手和农机作业环境两个方面，因此本章根据这项特点将农机事故风险主要分为农机操作风险和作业环境风险。

①农机操作风险。一方面，由于农机本身质量较大、灵活性较低，导致其操作难度较高，农机手在操作农机时，其操作的熟练度将会直接影响农机事故发生的可能性。另一方面，农机不仅在田间作业，还有部分农机需要在道路上行驶，但由于农户文化水平有限，道路交通意识相对较弱，在道路上行驶时，不遵守交通规则的情况屡见不鲜，容易造成农机事故，从而给自己甚至是他人造成较大的经济负担，极大地增加了农机使用风险。为了降低在道路上行驶农机事故率，国家按照《中华人民共和国道路交通安全法》（以下简称为《道路交通安全法》）实施拖拉机交强险，对上道路行驶的拖拉机实行强制性保险。此外，农机的使用存在季节性，在农忙时农机手为了节省时间获得更多的收入，常常会疲劳驾驶，过度的劳累会使得农机手的注意力下降，以至于忽略地形和道路的安全从而更容易发生农机事故。

②作业环境风险。农机作业的地点主要在田间，地形比较复杂，作业环境较为恶劣，经常会有暗沟、木桩覆于草下，如果在作业前没有仔细观察、勘探地形，很容易在作业时因碰撞、地面凹陷等情况导致农机碰撞、侧翻；丘陵地区和山区的地形尤为复杂，部分地区不仅没有农业生产所需的机耕道，甚至连可行使的道路都没有；部分农户为了获得更多收入，跨区作业，陌生的地形使得农机作业难度提高；此外，农机使用存在季节性，农忙季节农机使用率显著提高，农机消耗磨损相对严重，容易发生农机事故；天气状况不好时，农户为了减少经济损失而抢收农作物，更增添了农机作业难度。恶劣的作业环境使得农机作业难度显著增加。

综上所述，对于农机购置风险、市场价格波动风险，政府可以通过公开市场操作等宏观政策手段对农机市场进行调控；对于质量风险，政府可以通过颁布相关法律，落实好农机质量监管问题，以避免农机质量问题给农机使用者造成经济损失；而对于农机事故风险，最好的办法便是通过农机保险进行经济损失转移，从而保障农户的人身及经济安全，提升农户使用农机的积极性，促进农机化的发展。

（2）质量风险。质量风险是指由于农机自身的质量，使得农机在使用过程中发生机器故障或者损毁，从而给农机购买者造成经济损失的可能性。农机质量是农机安全使用的重要保障，如果农机本身存在安全隐患，那么将会大幅增加农机事故发生的可能性，尽管国家制定了农机安全技术标准并出台了《农业机械安全监督管理条例》，对农机的生产、销售和维修进行了详细的规定以保障农机的安全性，但农机市场上以次充好的现象时有发生，仍有部分个体商户利用残次零配件或者报废农机的部件拼装农机以较低的价格销售，这些存在安全隐患的农机严重影响了农机手使用农机时的安全性，使得农机事故发生率显著增加，严重危害了农户及农村经济的安全。

（3）农机购置风险。农机购置风险主要是指国民经济增长、物价水平不断提高以及通货膨胀等原因导致的农机贬值，或者是农机在使用过程中因折旧、磨损、消耗而造成农机贬值，从而给农机购买者造成经济损失的可能性。

（4）市场价格波动风险。市场价格波动风险主要是指市场供求关系的变化有可能会导致农机价格变动，有可能会因为市场价格的波动而造成农机的持有者尤其是作业服务专业人员或组织经济损失或获得盈利的不确定性。

2. 农机风险的特征

（1）季节性。受到农业生产季节性的影响，农机作业的季节性也较强，农忙季节农机作业量剧增，将会增加农机手的作业难度和疲劳程度，因此农机事故发生概率也会增加。又由于近年来政府大力支持农机化发展，随着农业购置补贴政策的实施，我国农机保有量与跨区作业的农机数量逐年增加，在农忙季节为了获取更多的收益，不少农民忽略自身安全进行超负荷农机作业，加之对跨区作业的地形不够熟悉，导致农机事故及农机风险表现出明显的季节性特征。

（2）可管理性和不可消除性。农户在购买农机后政府会组织农户参加农机操作培训，并有一系列政策措施对农机生产、操作、维修和管理等进行规定，在源头上降低农机事故发生率。在事故发生时，有农机事故应急措施规定，并为安全部门配备较为完善的安全设备，在事故中进行控制以便能够更好地降低农机事故率。但农机操作不仅受农机手的主观因素的影响，还受道路、作业环境等客观因素的影响，因此农机风险只能在一定程度上进行控制，并不能被消除。

（三）农机保险

1. 农机保险的定义 农机保险[1]是保险人为农机拥有者、使用人员在农机田间作业、道路运输、农业生产、农产品加工等生产经营过程中，遭受自然灾害或者意外事故所造成的损失提供经济补偿的保险保障制度，在减少农户风险损失和保障安全生产方面发挥了重要作用。

（1）相互保险。根据 2015 年中国银行保险监督管理委员会（以下简称

"中国保监会"）发布的《相互保险组织监管试行办法》，相互保险是指具有同质风险保障需求的单位或个人通过订立合同成为会员并缴纳保费形成互助基金，由该基金对合同约定的事故所造成的损失承担赔付责任，或者当被保险人死亡、伤残、疾病或者达到合同约定的年龄、期限等条件时承担给付保险金责任的保险活动。相互保险组织是指在平等自愿、民主管理的基础上由全体会员持有并以互助合作方式为会员提供保险服务的组织，包括一般相互保险组织及专业性、区域性相互保险组织等组织形式。

（2）互助保险。以互助合作为基本形式，某一行业或某一类职业的人员为规避同类灾害造成的损失而自发组织起来的一种非营利性、以分散成员风险为最终目标的保险形态。互助保险是基于成员的共同需要，由参加成员自愿出资建立的互助保障制度，其目的是应对事先约定的因特定风险而可能造成的损失。

（3）农机互助保险。是指针对农机而制定的互助保险类型，是以农机安全协会为服务平台，农户以互助共济的方式集中分担风险的一种农机保险经营模式。农机互助保险不以营利为目的，以为农户提供风险保障为宗旨。农机安全协会筹集的互助资金主要为解决参会农户的损失补偿，且互助资金实行结余滚动积累制度，正常年份除管理服务费用及互助补偿金外，一部分互助资金用于对无事故的会员分配权益积分，剩余部分用于建立风险基金，以用于大灾之年损失补偿。目前，我国农机互助保险的险种主要有农机损失险、人身意外伤害险、拖拉机交强险、第三者责任险等。涉及的农机包括播种机、拖拉机和联合收割机，并在实践中逐步扩展到其他常用农机。

2. 农机保险的特性

（1）准公共产品和正外部性。公共产品理论*认为所有产品可分为私人产品和公共产品，私人产品有排他性、私有性和竞争性3种特征；公共产品的特征是其客观存在的共有性，而准公共产品又可以根据有无排他性而分为纯公共产品以及准公共产品。保险公司在提供如何分散和规避农机风险、农机事故的危害以及防范农机事故风险的必要性和重要性等保险指导性服务时，除了投保人可以享受，未投保人也可以享受，这表明农机保险存在共有性；但农机保险投保人必须符合一定的条件，而且必须缴纳一定的保费，发生农机事故时保险公司仅会对投保人进行保险理赔，而未参保农户将不能享受保险赔付，这

---

* 1973年，桑得莫（A. Sandom）发表了《公共产品与消费技术》，着重从消费技术角度研究了混合产品（准公共产品）。

表明了农机保险存在排他性，因此农机保险应当属于准公共产品。农机保险的实施不仅能够分散农机风险，保障农户生命和财产安全，还能够维护农村经济的平稳发展，从而促进我国农机化的发展和国民经济增长，有较好的正外部性。

（2）社会性和经济性。福利经济学理论*认为社会福利水平取决于国民收入总量和国民收入在社会成员中的分配，国民收入总量越大且在社会成员中的分配越均等，社会福利水平将越高。对于农机保险来说，其社会福利主要体现在保障农民经济安全、促进农村经济和农业产业化发展、实现支农性国民收入再分配等方面，从而间接地提升国民收入或实现国民收入均等化分配。其对社会福利产生有利影响的路径为：降低农业生产经营者的风险预期，扩大农业生产及投资规模，促进农业的产业化发展，提升产出效率，增加国民收入，从而提高社会福利。农机保险发挥着保证农业再生产和稳定国民经济的作用，使全社会享受农业稳定、农产品价格低廉所带来的福利，通过政府的财政补贴以及其他的支持政策使社会总福利增加，其中保险公司和农民只是获得其中的一小部分。

（3）高赔付性和高风险性。由于农机保险市场存在道德风险、逆向选择和信息不对称等问题，保险公司开展承保、查勘定损和理赔等保险业务的难度较大，使得保险公司的经营成本较高、理赔效率和保险收益较低，导致保险公司开展保险业务需要承担较高的风险和赔款支出。由于农机比较笨重，农户使用农机时风险较高，加上农机使用存在季节性，农机事故集中度较高，一旦发生农机事故，保险公司将会承担高额保险赔付金，这将会给保险公司带来较大的经营风险，严重降低了保险公司开展农机保险业务的意愿，导致农机保险市场的供给不足。

3. 农机保险险种　农机保险可以分为两类：第一类是为了补偿农机拥有者在农机事故中因农机损坏所造成的损失，主要是农机损失险。第二类是为了补偿在农机事故中因人员伤亡造成的损失，主要包括人身意外伤害险、拖拉机交强险和第三者责任险。

（1）农机损失险。农机损失险是指农机持有人或其允许的合法农机驾驶人在操作投保农机的过程中，因发生翻倒、碰撞、火灾等意外事故或遭遇台风等恶劣天气时导致投保农机毁损，保险公司按照合同的约定给予一定数额的

---

　　*《福利经济学》是英国经济学家阿瑟·赛西尔·庇古（下文中简称"庇古"）创作的经济学著作，首次出版于1920年。

赔偿。

（2）人身意外伤害险。针对发生的农机作业人员伤亡事故，为保障作业人员的人身财产安全，保险公司推出了人身意外伤害险。人身意外伤害险是指被保险人及其允许的合法驾驶人员在操作农机过程中因遭遇意外事故导致机上人员伤亡并产生经济损失时，保险公司按照合同约定给予一定数额的赔偿。

（3）拖拉机交强险。是指因发生拖拉机道路交通事故而造成除农机驾驶员及随机作业人员以外的第三者人身伤亡或财产损失时，保险公司按照保险合同约定给予赔偿的一种强制性责任险。

（4）第三者责任险。是指农机驾驶员或其允许的合法农机作业人员在操作投保农机时发生农机风险事故，导致路边行人等其他人员受伤、死亡或使其遭受财产损失等，依法应承担经济赔偿责任时，保险公司依据被保险人在农机事故中承担的责任，按照合同的约定给予一定数额的赔偿。与拖拉机交强险不同，第三者责任险属于商业保险范畴，不具有强制性。

二、农机保险的主体与客体

（一）农机保险合同的定义

《中华人民共和国保险法》（以下简称"《保险法》"）给保险合同下了定义，即保险合同是投保人与保险人约定保险权利义务关系的协议。签订保险合同的目的，一方面投保人支付保费是为了取得经济保障，另一方面保险人收取保费是为了积聚保险基金，建立补偿制度，提供经济保障。

农机保险合同是指农机的持有人对经办农机保险业务的保险公司支付保费以换取保险人在投保机具、随机作业人员或路边行人遭遇约定的农机风险事故时，对被保险人受到损失给予补偿，或者在约定的农机风险事故发生时，或者在约定的期限到达时履行给付保险金的协议。

（二）农机保险合同的主体

保险合同的主体可以分为两个方面：与保险合同有直接利益关系的是保险合同的当事人，与保险合同有间接利益关系的是保险合同的关系人。

1. 保险合同的当事人　保险合同和其他商业性合同一样，必须有订立合同的当事人，作为合同规定的权利和义务承担的主体。农机保险合同的当事人包括保险人和投保人两类。

（1）保险人。根据《保险法》规定，保险人又称承保人，是指与投保人订立保险合同，并按照合同约定承担赔偿或者给付保险金责任的保险公司。保险人是法人，公民个人不能作为保险人。

农机保险合同中所指的保险人是指能够开办农机保险业务且符合《保险法》相关规定的保险公司，具体形式有保险股份有限公司、相互保险公司、相互保险社、保险合作社、国有保险公司及专业自保公司。

（2）投保人。根据《保险法》规定，投保人是指与保险人订立保险合同，并按照合同约定负有支付保费义务的人。投保人可以是自然人也可以是法人，但两者都必须具备以下条件：

① 具有相应的权利能力和行为能力。建立保险合同关系是一种民事法律行为，作为民事主体的投保人，必须具有法律要求的相应的权利能力和行为能力。

② 具有保险利益。即投保人对保险标的具备经济上的利害关系。

③ 投保人负有缴付保费的能力和义务。

农机保险合同中所指的投保人大多以持有农机的农户为主，也可能是农业合作社、家庭农场或当地的农业生产经营组织等。

2. 保险合同的关系人　保险合同的关系人是指与保险合同的签订、履行有间接经济利益关系的自然人或法人，主要包括被保险人和受益人两类。

（1）被保险人。被保险人是指其财产、利益或生命、身体和健康等受保险合同保障的自然人或法人。依据保险险种的不同，被保险人也不完全相同。

在财产保险中，被保险人是保险财产的权利主体，在被保险财产发生保险事故时，保险人对被保险人的财产损失进行赔偿（房屋、汽车等财产为保险标的）；在人身保险中，被保险人是保险合同中规定对其生命、身体和健康保障的人，同时也是保险事故发生的本体（人的生命、身体和健康为保险标的）；在责任险中，被保险人是对他人的财产损毁或人身伤亡负有法律责任，因而要求保险人代其进行赔偿，由此对自己的利益进行保障的人（民事赔偿损害责任为保险标的）。

保险合同中被保险人的确定方式有以下3种：

①在保险合同中明确列出被保险人的名字。被保险人可以是一个，也可以是多个，但均要列明。当被保险人之一死亡以后，其余被保险人仍可继续享受保险保障的权利，保险合同继续有效，直到期限届满。

②以变更保险合同条款的方式确认被保险人。这种方式是在保险合同中增加一项变更被保险人的条款。一旦该条款所约定的条件成立时，补充的对象就自动取得了被保险人的地位。这也是被保险人的变更方式。变更后的被保险人的资格应当与原被保险人相同。

③采取扩展被保险人的方式来确认被保险人。这种方式与第一种方式的不

同之处在于，它不具体指明被保险人的姓名；与第二种方式的不同之处在于，它不是用排序的方式确定被保险人，而是采用扩展被保险人的办法。在这一方式中，每个人都具有被保险人的相同地位。

根据以上被保险人的定义，农机保险中的被保险人随险种的不同而有所不同：在农机损失险中，被保险人是投保农机的权利主体；在作业人员伤害险中，被保险人是保险合同中规定对其生命、身体和健康保障的人，同时也是保险事故发生的本体（人的生命、身体和健康为保险标的），这主要指的是农机驾驶人员或者随机作业人员；在第三者责任险中，被保险人是对路边行人或他人的财产损毁或人身伤亡负有法律责任，因而要求保险人代其进行赔偿的人，在农机保险中多指投保第三者责任险的农机手。

（2）受益人。受益人是指保险合同中由被保险人或者投保人指定的享有保险金请求权的人。投保人或被保险人指定受益人时，一般只需记明受益人的姓名即可，无须说明受益人的身份或其与受益人的关系。投保人或被保险人如对受益人的身份或其与受益人的关系有记载，也只属于叙述性质，不得视为合同的担保。即使其叙述有错误，也不影响受益人的受益权，但其错误说明导致不合格的人成为受益人的除外。如果投保人或被保险人对于受益人的身份或关系所做的声明，经与保险人约定为担保的，则叙述错误便会影响合同的效力。在保险实务中，投保人或被保险人有时往往以身份来标明受益人，如投保人或被保险人只指明继承人、配偶、子女等为受益人的。

农机保险合同中的受益人多指与购买农机保险的农机手有血缘关系或其他关系的人，主要为投保人的配偶、父母、子女等亲属。

（三）农机保险合同的客体

保险合同的客体是指在民事法律关系中主体享有权利和履行义务时共同的指向。保险合同客体在一般合同中称为标的，即成果物、行为、智力等。保险合同虽属民事法律关系范畴，但它的保险合同客体不是保险标的本身，而是投保人对保险标的所具备的法律上承认的利益，即保险利益。

1. 保险标的 保险标的是保险利益的载体。保险标的是保险双方当事人权利和义务所共同指向的目标或对象。依据《保险法》的规定，保险标的是保险合同应当包括的事项之一。《保险法》规定，保险标的是指作为保险对象的财产及其有关利益或者人的寿命和身体。在不同的保险合同中，保险人对保险标的的范围都有明确规定，即哪些可以承保，哪些不予承保，哪些在一定条件下可以特约承保等。不同的保险标的能体现不同的保险利益。而且，保险合同双方当事人订约的目的是为了实现保险保障，合同双方当事人共同关心的也是基于保险标的的保险利益。所以，在保险合同中，保险合同客体是保险利益，而保险标的则是保险利益的载体。

农机保险合同中的保险标的依据农机保险险种的不同可以分为以下 3 类：①经过登记并检验合格的拖拉机或其他自走式农机，以及与其配套的作业机械，在随主机作业时也可视为保险标的。②持有有效驾驶证的驾驶员，以及在核定座位人数以内的随车作业人员。③被保险人对受害第三者依法应当承担的人身和财产的赔偿责任也属于保险标的。

2. 保险利益　是指投保人或者被保险人对保险标的所具有的法律上或事实上的利益。保险合同的成立，以投保人具有保险利益为前提条件。依据农机保险的险种不同，农机损毁险的保险利益为保险事故发生时被保险人对保险财产享有的经济利益；而农机驾驶人员意外伤害险、第三者责任险和拖拉机交强险的保险利益是指保险事故发生致使司乘人员或第三者遭受人身伤亡或财产直接损失，依法由被保险人承担经济赔偿。人身保险的保险利益于合同订立时必须具备，但保险事故发生时如已消灭，通常也不影响投保人的权益，因人身保险兼有储蓄性质，此利益不应被剥夺。投保人对保险标的无保险利益，保险合同无效。这一原则可以防止道德危险发生，避免将保险变成赌博性质，同时在保险利益价值确定的情况下，可作为赔偿的最高限额。

第二节　农机保险相关理论

一、保险学基本原理

保险的基本原理主要分为 4 类：风险分散原理、大数法则原理、公平合理原理以及收支平衡原理。

（一）风险分散原理

保险的风险分散原理是指保险人为保证经营的稳定性，应使风险分散的范围尽可能扩大。倘若保险人承保的风险过于集中，一旦发生保险事故，就可能产生责任累积，使保险人无法承担保险责任。

保险的风险分散功能可以从宏观以及微观两个层面实现。从宏观层面来看，风险分散主要实现方式有 3 种：第一种，使风险在地理范围上分散。第二种，使风险在时间上分散。第三种，通过多种经营来实现风险分散。从微观层面来看，风险分散主要实现方式有 2 种：第一种，承保前分散，主要通过在承保时合理地划分风险单位，并且使每一个风险单位都尽可能独立来实现。合理划分风险单位，参考每个风险单位的最大可能损失确定保险金额，对超出自身承保能力的部分不予承保。对承保的风险责任加以限制，如控制保险金额，规定免赔额、共同保险条款等。第二种，承保后分散，主要采取共同保险和再保险两种方法。其中，再保险是在时间上、空间上以及通过保险金额的同类性实现风险分散的理想办法。

（二）大数法则原理

保险大数法则也称为风险大量原则、大数法则、平均法则。其意义是：风险单位数量越多，实际损失的结果会越接近从无限单位数量得出的预期损失可能的结果。据此，保险人就可以比较精确地预测风险，合理地厘定保险费率，使在保险期限内收取的保费和损失赔偿及其他费用开支相平衡。保险公司正是利用在个别情形下存在的不确定性将在大数中消失的这种规则性，来分析承保标的发生损失的相对稳定性。按照大数法则，保险公司承保的每类标的数目必须足够大，否则，缺少一定的数量基础，就不能产生所需要的数量规律。但是，任何一家保险公司都有它的局限性，即承保的具有同一风险性质的单位是有限的，这就需要通过再保险来扩大风险单位及风险分散面。

（三）公平合理原理

保险的公平合理原理，一方面，要求保险人收取的保费应与其承担的保险责任是对等的；另一方面，要求投保人缴纳的保费与保险标的的风险状况是相适应的，或者说，各个投保人或被保险人应按照其风险的大小分担保险事故的损失和费用。公平合理原理主要体现在以下两个层面：

（1）保险人和被保险人之间的公平合理原理。保险人和被保险人之间的公平合理原理是指保险人总的保费收入应当符合保险价格确定的基本原理，即总的保费收入与保险金额支出相等，不应让投保人承担保险人不合理的经营成本和利润。

（2）不同投保人之间的公平合理原理。不同投保人之间的公平合理原理是指不同投保人的保险标的的危险程度可能存在较大的差异，保险人应当对不同的投保人依据保险标的的危险程度不同收取不同程度的保险费用。

（四）收支平衡原理

保险的收支平衡原理是指保险人在保险期内纯保费收入的现金价值与支出保险赔付的现金价值相等，它是保险精算最基本的原理。简单地说，就是各大商业保险公司计算保费费率的基础，除了要公平合理外，还要做到收支平衡。收支平衡原理的具体平衡等式有以下3种：

一是期初的现值相等：保险合同成立时保费收入的现值和支付保险金的现值相等。

二是期末的终值相等：保险合同期末的保费收入的终值和支付保险金的终值保持平衡。

三是期中的当前值相等：任一时点的保费收入和支付保险金的当前值相等。

保险收支平衡原理的应用极其广泛，利用收支平衡原理可以计算缴纳纯保费、总保费、理论责任准备金、实际责任准备金以及保单现金价值等。

二、福利经济学理论

福利经济学是以社会福利作为研究对象，运用经济学原理对国家举办的各种福利事业进行分析评价，以寻求提高社会整体福利水平的途径，已成为现代西方经济理论体系的一个重要组成部分。福利，也称为社会福利，是指由国家或各种社会团体通过各种公共福利设施、津贴、补助、社会服务以及举办各种集体福利事业的方式增进群体福利，以提高社会成员的整体生活水平和生活质量，其主要内容包括社会救助、社会保险和社会保障。在政府强化"以人为本"思想的同时，价值判断在经济学中也日益凸显其作用，我国也不断提高对福利经济学的关注，特别是对庇古的福利经济学理论的重视。

庇古根据边际效用基数论提出了两个基本的福利命题：一是国民收入总量越大，社会经济福利就越大；二是国民收入分配越均等化，社会经济福利就越大。庇古从第一个基本福利命题出发，提出社会生产资源最优配置的问题。他认为，要增加国民收入，就必须增加社会产量，而要增加社会产量，就必须实现社会生产资源的最优配置。庇古认为，增加一个单位生产要素所获得的纯产品，从社会角度衡量和从个人角度衡量并不经常相等。当边际社会纯产品大于边际私人纯产品时，国家应当通过补贴扩大生产。当边际社会纯产品小于边际私人纯产品时，国家应当通过征税缩小生产。只有每一生产要素在各种用途中的边际社会纯产品都相等时，才达到社会生产资源的最优配置。庇古的福利经济学以自由竞争为前提，他认为自由竞争可以使边际社会纯产品等于边际私人纯产品，从而使社会经济福利极大化。庇古从第二个基本福利命题出发，提出收入分配均等化的问题。他认为，要增大社会经济福利，必须实现收入均等化。他把边际效用递减规律推广到货币上来，断言高收入者的货币边际效用小于低收入者的货币边际效用。他所指的收入均等化，就是国家通过累进所得税政策把向富人征得的税款用来建设社会福利设施，让低收入者享用。庇古认为，通过这一途径实现把富人的一部分钱转移给穷人的收入均等化，就可以使社会经济福利极大化。综上所述，庇古认为，经济福利在相当大的程度上取决于国民收入的数量和国民收入在社会成员之间的分配情况。因此，要增加经济福利，在生产方面必须增大国民收入总量，在分配方面必须消除国民收入分配的不均等。

以此为标准，农机保险的福利功效则表现为保护农民收入稳定、促进农业产业化和现代化、实现社会资金的支农性、国民收入再分配以及对经济带来有利的乘数效应等，通过这些有利影响实现国民收入总量增加或者分配均等化。其对社会福利产生有利影响的路径为：使农业生产经营者风险预期降低，农业投资扩大，产业化、现代化程度提高，产出效率提高，国民收入增加，社会福利增进。农机保险发挥着保证农业再生产和稳定国民经济的作用，使全社会享受农业稳定、农产品价格低廉所带来的福利，通过政府的财政补贴以及其他的支持政策使社会总福利增加。

三、准公共产品理论

按照产品在消费以及受益方面是否具有竞争性和排他性，市场经济体系中的产品可以分为公共产品、准公共产品和私人产品3类。私人产品是指在消费上具有竞争性和在受益上具有排他性特征的产品，该类产品完全由市场提供；与之相对的公共产品在消费及受益方面具有非竞争性和非排他性的特点，仅适宜由政府供给；准公共产品在消费以及受益方面的特性介于私人产品和公共产品之间，对于准公共产品的供给，应该采取政府和市场共同分担的原则。农机保险属于新型农业保险的一种，与农业保险一并属于准公共产品[11]。农机保险的准公共产品属性表现为以下3个方面：

（1）有限的排他性。在因发生农机事故而遭受经济损失时，购买了农机保险的农户能够获得保险公司给予的经济补偿，而其余未购买的农户则无法从该保险产品中受益，这体现了农机保险的排他性。但农机保险的排他性并不绝对，在农机保险业务的开展过程中，为帮助农户减少农机事故的发生，工作人员会向农户普及农机安全驾驶等相关知识，即使农户不购买农机保险，也能从农机保险的防灾防险职能中获得益处。

（2）有限的竞争性。农机保险业务的开展离不开商业保险公司的市场化运作，在市场竞争机制下，保险公司通过不断创新农机保险险种、提供更加优质的理赔服务来扩大自己的市场份额，这体现了农机保险的竞争性。但农机保险的竞争性同样并非绝对，农机事故的发生率较高、事故赔付额较大，保险公司为维持自身的经营利润，会提高农机保险的保费水平，但保费过高会损害农户的经济利益，降低农户对农机保险的有效需求，而保费过低又将损害保险公司的经济利益，降低保险公司对农机保险的有效供给，如果政府不提供保费补贴，农户的需求曲线与保险公司的供给曲线将无法相交，农机保险市场就无法达到均衡状态。

（3）正外部效应。外部效应即外部性，是指某个经济主体的行动给他人或社会带来有利或不利的影响。按照给社会或他人造成的效应分类，外部性可以分为正外部性和负外部性两类，正外部性是指个人或团体的某种经济行为给他人或社会带来利益，而他人或社会无须支付任何费用；负外部性是指某个经济主体的行动给他人或社会带来不利的影响，而该主体却不需要为这种负担支付多余的费用。

农机保险不仅能够给予农户一定的经济补偿，减少农机事故造成的损失，还能减少因农机事故而引发的社会纠纷，维护农村地区社会和谐稳定。因此，根据外部性的定义，农机保险是一种具有正外部效应的准公共产品，其外部性体现在产品的供给与需求两个方面。

（1）农机保险供给的正外部性。农机的作业地点多集中于田间、山地等环境复杂的地区，再加之农户的风险防范意识薄弱，农机事故发生率较高，事故造成的经济损失较为严重，部分拖拉机和联合收割机还从事跨区作业，频繁的跨区往来增加了农机事故发生的频率。此外，农机事故多发生于环境复杂的区域，恶劣的地理环境加重了保险公司查勘定损等工作的难度，同时也加大了保险公司的经营负担。农机事故的高赔付率以及高额的业务成本大幅压缩了保险公司的利润空间，使保险公司的经营严重亏损。在此背景下，若政府不提供保费补贴，农机保险的正外部性将使保险公司开展农机保险业务所需承担的成本高于社会整体承担的成本，而享受的收益却低于社会整体享受的收益，即边际个体收益小于边际社会收益，而边际个体成本大于边际社会成本，这会导致保险公司降低对农机保险的有效供给量，使我国农机保险市场出现供给短缺的现象。

（2）农机保险需求的正外部性。购买农机保险的农户在遭遇农机事故时能享受保险公司提供经济补偿的利益，而其余未投保的农户虽无法直接享有经济补偿利益，但却能够享受到农机保险提供的风险防范、维护农村社会和谐稳定等利益。在无政府补贴情形下，农机保险的正外部性将使农户购买农机保险的成本高于社会整体承担的成本，而农户享有的农机保险收益却小于社会整体享有的收益，即农户的边际个体收益小于边际社会收益，而边际个体成本大于边际社会成本，这会导致农户对农机保险的有效需求不足现象产生。

我国农机保险市场上出现供给短缺、需求不足的现象表明仅仅依靠保险公司的商业化运作无法使市场资源达到"帕累托最优状态"，因此，政府部门需要采取财政补贴等措施来提高农机保险的供给与需求，使农机保险市场达到均衡状态。当政府给予农户保费补贴时，农户实际需要缴纳的保费降低，农户的投保积极性提升，对农机保险的需求将增加；当政府给予保险公司管理费用补贴时，保险公司的农机保险经营业务成本降低，开办农机保险业务的积极性提高，对农机保险的供给增加。当农户的需求曲线与保险公司的供给曲线相交时，农机保险市场将达到均衡状态，农机保险业务也得以顺利展开。

四、利益相关者理论

利益相关者理论最早由弗里曼在《战略管理：利益相关者管理的分析方法》一书中首次明确提出，于 20 世纪 60 年代在西方国家逐步发展起来，并于 20 世纪 80 年代以后开始影响美国、英国等国家的公司治理模式，促进企业管理方式的转变。

利益相关者理论是指企业的经营管理者为综合平衡各个利益相关者的利益要求而进行的管理活动。与传统的股东至上主义相比较，该理论认为任何一个公司的发展都离不开各利益相关者的投入或参与，企业追求的是利益相关者的整体利益，而不仅仅是某些主体的利益。该理论涉及的利益相关者包括企业的股东、债权人、雇员、消费者、供应商等交易伙伴，也包括政府部门、本地居民、本地社区、媒体、环保主义等的压力集团，甚至包括自然环境、人类后代等受到企业经营活动直接或间接影响的客体。这些利益相关者与企业的生存和发展密切相关，他们有的分担了企业的经营风险，有的为企业的经营活动付出了代价，有的对企业进行监督和制约，企业的经营决策必须要考虑他们的利益或接受他们的约束。根据利益相关者的概念以及利益相关者管理理论的观点，可以识别我国农机互助保险的主要利益相关者为保险公司、试点地区的农户以及当地的政府部门。

作为利益相关者之一的政府部门大力推行农机保险业务的原因是为了减轻农机事故给农户带来的经济损失、保障农机手的生命财产安全、维护农村地区社会和谐稳定发展。因此，在当地农户投保积极性较高以及保险公司的配合下，政府部门通过颁布相应政策规定、制定合理的保费补贴等措施，大力推动我国农机保险业务的发展。

企业经营的根本目的是盈利。作为利益相关者之一的保险公司开发和推广农机保险的根本原因是农机保险业务给企业股东带来利益，产生了较高的收益，因此在试点地区政府部门的大力支持下，保险公司为了创造更多的价值，积极开发新型农机保险险种、大力推广农机保险业务，在客观上推动了我国农机保险业务的发展。

农户作为农机保险市场中的另一位利益相关者，其购买农机保险的原因是希望在发生农机风险事故时能够享受到农机保险提供的经济补偿利益，农机保险中的农机互助保险还能够有效减少保险过程中逆向选择和道德风险等问题的发生。农机保险模式中政府部门、保险公司和农户作为一个利益共同体，都在为降低农机事故风险、补偿农机事故损失而努力，更多的农机持有者应当准确认识到农机保险的优点并积极参与进来，共同推动我国农机保险业务的发展。

第三节　本章小结

本章通过对农机保险的相关概念以及农机保险合同中主体、客体等相关方的介绍，能够更加深刻地了解农机保险的界定。通过详细论述保险学基本原理、福利经济学理论、准公共产品理论和利益相关者理论等相关经济学理论基础，能够更加清晰地了解到本书研究所基于的理论基础，为本书后续的研究内容做好铺垫。

第三章

我国农机保险的发展历程与经营模式

本章通过汇总我国农机保险业务发展过程中出台的相关政策文件以及各试点地区农机保险业务的发展情况，介绍我国农机保险业务的3种典型经营模式，并阐述每种经营模式下各试点地区农机保险业务的发展现状以及各经营模式存在的优缺点，详细论述我国农机保险的探索实践情况，为后文的相关研究做好铺垫。

第一节　我国农机保险的发展历程

一、我国农机保险的发展阶段

我国是农业大国，农业是国民经济的基础，为了保障农业生产经营规模化和现代化，国家大力扶持农机化的发展。但随着农机化的发展，我国农机数量与日俱增，农机事故率也居高不下，农机保险便应运而生。但由于农机保险季节性、高发性以及高赔付率的特性，使得商业保险公司开展保险业务的意愿较低，导致农机保险的供给不足，严重制约了我国农机保险的发展；又由于发展过程中信息不对称、保费较高以及农户参保意识不强等原因，农机保险的发展仍然面临很多挑战。我国农机保险的发展历程如表3-1所示。

表3-1　我国农机保险的发展历程

时间	发展历程
起步发展阶段（20世纪80年代）	农机保险首次开展了拖拉机第三者责任险。 农业保险业务中增添了驾驶人保险、农机损坏等农机保险业务。
萎缩停滞阶段（20世纪90年代）	首次试行商业性质的农业保险。
试点试行阶段（2005年至今）	上海市于2005年开展了农机的综合保险试点。 江苏省于2008年、北京市于2011年、浙江省于2013年、河北省和山东省于2016年、安徽省于2017年开展了农机政策性保险试点。 陕西、湖北、湖南三省分别于2009年、2010年、2013年进行了农机互助保险试点。

数据来源：根据现有文献以及公开资料对我国农机保险发展历程进行归纳总结。

（一）起步发展阶段

新中国成立初期，我国农业保险便步入了萌芽期，中国人民保险集团股份有限公司（以下简称"中国人保"）于 1950 年首先在北京郊区、山东高河试办牲畜保险，20 世纪 80 年代，政府为了促进我国农业保险的发展，对保险公司的农业保险业务免征营业税，中国人保为了巩固土地改革的成果，促进农业生产经营，响应政府的号召，开展了农村保险业务，1982 年保险业务一经实施便获得了 23 万元的保费收入，而到了 1993 年保费收入达到 5.6 亿元，是1982 年的 2 435 倍，可见这数年来我国农业保险发展速度之快。在保障农户的生命和财产安全的背景下，农机的安全性得到了高度重视，保险公司、公安部和农业农村部为了保障拖拉机的安全性、促进拖拉机法定保险的实施，联合保险公司推广实施拖拉机责任险条款，部分地区农机管理部门为了响应政府号召，开始执行"不保险不上牌、不保险不年检"的政策，这一系列的政策措施为我国发展农机保险奠定了基础。

（二）萎缩停滞阶段

经历了数年的发展，我国保险业于 1994 年开始向商业化方向转变，农业保险市场也开始踏上了商业化转型之路。但保险公司作为商业性的经济实体，其经营的主要目标是追求利润最大化，因此保险公司在保险费率、保险条款和保险险种的选择与制定上都遵循市场化原则，但保险公司追求利润最大化的目标与农业保险非营利的特性相矛盾，从而导致农业保险市场出现发展缓慢的局面。由表 3-2 可以看出，我国农业保险赔付率居高不下，2003 年农业保险赔付率最低，但也达到了 60%，而 1994 年农业保险赔付率甚至超过 100%（2001 年为 100%），由于农业保险高赔付率的特性，使得保险公司开展农业保险业务的收益较低，甚至有经营不善的风险，因此保险公司对农业保险业务结构进行了调整，对高风险、高赔付等经营不善的农业保险业务进行限制，使得我国农业保险险种及业务范围不断减少。1994 年我国农业保险保费收入为5.04 亿元，农业保险收入占财产保险收入的 3.09%；2004 年农业保险保费收入下降到 4 亿元，农业保险收入仅占财产保险收入的 0.52%，是 1994 年的 1/6，农业保险保费收入及其占比显著降低，农业保险的发展一度陷入困境。这一阶段运输型拖拉机保险由于没有特殊政策规定，导致运输型拖拉机保险的实施进度更加缓慢，只有新购入或者是购买时间尚短的运输型拖拉机在入户和年检时办理了保险业务；对于购入超过 3 年的拖拉机，由于参保时需要缴纳较高的保费，导致农户参保意愿较低，甚至拒绝参保，使得保险需求严重不足，农机保险的发展逐步陷入萎缩停滞阶段。

表 3-2　我国 1994—2004 年农业保险保费收入及其占比、赔付支出和赔付率分析

时间	农业保险保费收入 （万元）	农业保险赔款额 （万元）	农业保险赔付率 （%）	农业保险收入占财产 保险收入的比重（%）
1994 年	50 404	53 853	106.84	3.09
1995 年	49 620	36 450	73.46	2.01
1996 年	57 436	39 481	68.74	1.94
1997 年	57 589	41 871	72.71	1.95
1998 年	71 472	56 304	78.78	1.94
1999 年	63 228	48 556	76.80	1.74
2000 年	40 000	30 000	75.00	0.97
2001 年	30 000	30 000	100.00	0.90
2002 年	50 000	40 000	80.00	0.99
2003 年	50 000	30 000	60.00	0.63
2004 年	40 000	30 000	75.00	0.52

数据来源：由《中国统计年鉴》整理、计算得出。

（三）试点实行阶段

2004 年 9 月，上海安信农业保险股份有限公司正式成立，我国探索专业化农业保险的序幕由此拉开。随着经济的发展，"三农"问题备受关注，农业现代化和机械化的发展被提上日程，2004 年《农业机械化促进法》规定，县级以上政府要将农机化纳入国民经济和社会发展计划，逐步加大对农机化的财政支持力度，这为农机保险的发展奠定了法律基础；同年实施的《道路交通安全法》将上道路行驶的拖拉机第三者责任险定为道路交通强制保险（交强险）。但由于拖拉机交强险费率较低，保险公司获得的收益较少，而理赔和承保难度较大，使得保险公司的经营成本较高，导致保险公司拒绝或者是拖延开展保险业务，出现了"投保难"的现象，加上拖拉机使用主体是农户，文化水平较低、参保投保意识不足，导致拖拉机交强险的发展陷入供需不足的两难之地。但随着政府对农机提供购置补贴，加快农机化发展的步伐，我国农机数量显著增加，农机事故频发问题也随之而来，制定相应的农机保险险种、实施并推广农机保险，成为减轻农机事故危害、保障农户生命财产安全、维护农村经济平稳运行的新需求，在此背景下，我国农机保险开始步入了试点试行的新阶段，并于 2005 年在上海率先开始了农机的综合保险试点。

二、我国农机保险发展的政策背景

在农业现代化生产的背景下，近年来我国农机化的发展进程备受关注。2007年中央1号文件提出：建设农机化试验示范基地，大力推广水稻插秧、土地深松、化肥深施、秸秆粉碎还田等农机化技术；鼓励农业生产经营者共同使用、合作经营农机，积极培育和发展农机大户和农机专业服务组织，推进农机服务市场化、产业化；加强农机安全监管工作。明确了我国农机化发展方向，使得农业技术能够很好地运用到农业生产中，促进了农业生产者之间的友好交流、相互合作，让农业资源能够得到更好地利用。2014年中央1号文件提出加大农机购置补贴力度，完善补贴办法，继续推进农机报废更新补贴试点，农机购置补贴能够很好地缓解农户购买农机的资金压力，农机报废更新补贴能够很好地处理农机的维修和回收问题，减少农机市场以次充好的现象，控制农机质量安全风险。该文件的提出，极大地增强了农户的购买意愿，减少农机使用风险，对促进我国农机化进程做出了重要贡献。2015年中央1号文件提出开展大型农机融资租赁试点，由于大型农机价格较高，部分农户受经济条件的影响不能购买和使用，融资租赁的试点不仅能够缓解农户的农机使用需求，还能够充分利用农户的闲散资金，使之投入到更有用的地方，提高资源利用率，促进我国农村经济和农业现代化的发展。此后中央1号文件均对加强农机科研技术的提升、加大农机购置补贴做出了指导。历年中央1号文件中涉及农机以及农机保险的相关内容如表3-3所示。

表3-3　中央1号文件对农机化发展提出的指导意见

时间	主要内容
2007年	加快农业科技化创新研究，遵循因地制宜原则，探究符合我国国情的农机化，大力推广现代农业技术，提高农业资源使用效率，同时鼓励农业生产经营者积极经营农机，加快我国农机市场化、规模化发展。
2008年	加快粮食作物科技技术创新，加强农机研发，推进粮食作物生产全程机械化；完善农机作业服务税收政策，加快农机市场化、合作化。
2009年	启动农机化推进工程，加快农机技术创新，注重农机作业补贴试点工作的落实，完善高能耗农机售后服务，建立经济补偿制度。
2010年	加快农用工业技术改造，大力推进农机化进程。
2012年	加快农业全程机械化生产和农业现代化科技创新发展进程，为农户或农机合作社购置大中型农机提供相应的财政和信贷支持，严格落实农机化税收政策。

（续）

时间	主要内容
2013 年	加快粮棉油糖等农机装备研发，强化农业物质技术研究与创新。
2014 年	加快种植业农机科技创新，增加农机购置补贴的财政支持力度，完善农机购置补贴政策，继续推进农机报废更新补贴试点。
2015 年	开展大型农机融资租赁试点。
2016 年	加快研发高端农机装备及关键核心零部件，提升主要农作物生产全程机械化水平，推进林业装备现代化，完善农机购置补贴政策。
2017 年	提升农机核心技术和地方特色优势产业技术研发能力，完善、落实农机购置补贴政策，加大对粮棉油糖和饲草料生产全程机械化所需机具的补贴力度。
2018 年	加快农林牧渔业现代化发展，提高大宗农作物机械化水平，推进我国农机装备产业转型升级，加快高端农机技术研发。
2019 年	加快突破农业关键核心技术，支持薄弱环节适用农机研发，促进农机装备产业转型升级，加快推进农机化。

资料来源：根据相关政策文件整理。

2002 年《中华人民共和国农业法》（以下简称"《农业法》"）鼓励商业性保险公司开展农业保险，进一步推动我国农业保险的商业化发展。2004—2009 年连续 6 个中央 1 号文件均提出鼓励发展农业保险，加快建立政策性保险农业保险制度。"三农"问题的不断提出与解决，使得我国更加注重农业的发展和产业结构调整，在发展现代化农业背景下，农机化的发展备受关注。随着农业现代化和机械化发展进程不断加快，我国农机的种类和数量显著增加，分散农机风险、保障农户生命和财产安全成为亟待解决的问题，农机保险便应运而生。2004 年《道路交通安全法》将上道路行驶的拖拉机第三者责任险定为道路交通强制保险，上海于 2005 年率先开始农机的综合保险试点。2007 年《拖拉机交强险费率方案》制定了拖拉机交强险基础费率标准，并于同年颁布了《关于切实做好拖拉机交强险实施工作的通知》，其中明确规定各保险公司要严格执行拖拉机交强险，保障拖拉机交强险工作的落实。2013 年《农业保险条例》赋予了农机保险的涉农保险地位，为各地政府推广农机保险提供了法律依据，同时也为农机保险的发展奠定了法律基础。2014 年中央 1 号文件明确了尝试开展农机保险保费补贴的政策意愿，并通过争取于 2015 年得到了财政补贴的支持，向北京、上海、江苏学习，将财政补贴的范围推广到全国，保费补贴政策的实施减轻了农户的经济负担，提高了农户的参保意愿，推动我国农机保险进一步发展。我国农机保险相关法律法规及政策文件如表 3-4 所示。

表 3-4 我国农机保险相关法律法规及政策文件

时间	主要内容
2002 年	《农业法》第四十六条规定：鼓励和扶持农民和农业生产经营组织建立为农业生产经营活动服务的互助合作保险组织，鼓励商业性保险公司开展农业保险业务。
2004 年	《道路交通安全法》将上道路行驶的拖拉机第三者责任险定为道路交通强制保险。
2006 年	《机动车交通事故责任强制保险条例》将上道路行驶的拖拉机交通事故责任保险纳入强制管理，拖拉机交强险成为唯一在全国范围内强制施行的农机保险。
2007 年	《拖拉机交强险费率方案》制定了拖拉机交强险基础费率标准。
2009 年	中央 1 号文件鼓励在农村发展互助合作保险业务。11 月《农业机械安全监督管理条例》鼓励专业人员依法成立安全互助组织。
2011 年	《关于做好 2011 年农业保险工作的通知》强调积极发展农机保险，拓展"三农"保险业务新领域。《全国农业机械安全监理"十二五"规划》鼓励加强农机综合险和安全互助保险的研究，争取给农机保险提供保费补贴，推动将农机保险纳入政策性保险的进程。
2012 年	《2012 年农业机械购置补贴实施指导意见》对农机补贴种类、补贴标准、补贴对象和经销商做出了明确的规定。《农业保险条例》将农机保险定位为涉农保险，是农业保险以外的又一种为农民生产生活提供保险保障的险种，包括农房、农机、渔船等财产险和意外险。
2013 年	《关于大力推进农机社会化服务的意见》提出争取将农机保险纳入农业政策性保险补贴范围，加强农机售后服务，完善农机保养和维修政策。《关于加快发展现代化农业进一步增强农村发展活力的若干意见》鼓励开展农机农房保险保费补贴试点。
2014 年	中央 1 号文件提出尝试开展农机保险保费补贴。
2015 年	《相互保险组织监管试行办法》为互助保险落地生根提供了法规和政策支持。
2016 年	《全国农业现代化规划（2016—2020 年）》强调要推动农业机械化提挡升级，加大农机保险保障力度，积极探索新型保险产品。
2017 年	《全国农业机械化安全生产"十三五"规划》强调要积极争取资金开展农机保险保费补贴试点工作，探索具有农机特色的保险补贴制度，提高农户、农机作业服务组织的风险保障能力。
2018 年	《关于加快推进农业机械化和农机装备产业转型升级的指导意见》鼓励有条件开展农机保险业务的农机大省，根据当地农机的特点与侧重点，开展农机保险试点工作，同时对其提供相应的农机业务指导。

数据来源：根据相关政策文件整理所得。

三、我国农机保险发展历程中存在的问题

（一）法律法规有待完善

由农机保险的准公共产品属性可知，农机保险的发展需要政府的大力扶持，尽管近年来政府逐步加大对农机保险的财政支持力度，使得我国农机保险在不断探索中发展，但相对于农机保险的发展，农机保险法律法规建设方面相对滞

后。2004 年《道路交通安全法》将上道路行驶的拖拉机第三者责任险定为道路交通强制保险，但后续并没有出台相关法律法规促进其实施，从而使得我国农机保险的发展逐步走向萎缩停滞。2007 年《拖拉机交强险费率方案》制定了拖拉机交强险基础费率标准，兼用型拖拉机交强险保费收费标准：功率 14.7 千瓦及以下的保费为 60 元，14.7 千瓦以上的保费为 90 元；运输型拖拉机交强险保费收费标准：功率 14.7 千瓦及以下的保费为 400 元，14.7 千瓦以上的保费为 560 元。该项法规的颁布明确了交强险的费率，但并没有对农机保险的发展方向做出具体的规划。2012 年出台的《农业保险条例》明确了农机保险属于涉农保险，但该规定的提出只是明确了农机保险的发展方向，并未对农机保险实施原则和具体实施细则做出明确规定。我国现行的农机保险相关规定主要借鉴的是农业保险和机动车险，很少根据农机作业季节性、农机使用主体的特性以及农机自身特点综合考量制定。由于农机保险的实施不以营利为目的，具有较强的政策性，与商业保险公司追求利润最大化的经营目标相互矛盾，在没有相关规定严格把控的情况下，地方政府和保险公司开展农机保险的积极性不高，使得农机保险的推广工作难以落实。此外，一些地区在兼用型拖拉机和运输型拖拉机的性能和结构等方面存在一定的认知偏差，出现保费收取不规范等问题。据 2007 年《农业部　中国保监会关于切实做好拖拉机交强险实施工作的通知》定义，兼用型拖拉机不仅能从事田间农业生产活动，而且还能从事上路运输的工作。但由于各地区之间农业种植作物的品种不同、农户的农业生产方式不同，部分保险公司要求投保兼用型拖拉机交强险的农户按照运输型拖拉机交强险的投保标准缴纳保费*，这虽然变相降低了保险公司面临道德风险，提高了保险公司的保费收入，但却严重损害了农户的利益，降低了农户的投保积极性。

（二）地区间业务发展不平衡

随着农业现代化和机械化的发展，我国农机数量与种类显著增加，但是目前我国农机保险险种大多是针对兼用型和运输型拖拉机设计的，农机种类繁多，保险险种只针对部分机型，导致农机保险的实施存在较大的局限性。由于地理位置、气候、经济水平、人文环境等因素的影响，不同地区农业的种植情况存在显著差异，但大部分农机是根据农业和作业特点专门研发的，型号、用途、配套装置均不相同，从而导致地区间的农机使用情况存在显著差异，而农机保险仅将部分农机机型考虑进去，可能会造成部分地区事故率较高的机型不

---

　　* 功率在 14.7 千瓦及以下的兼用型拖拉机交强险保费为 105 元，功率在 14.7 千瓦以上的兼用型拖拉机交强险保费为 155 元；功率在 14.7 千瓦及以下的运输型拖拉机交强险保费为 700 元，功率在 14.7 千瓦以上的运输型拖拉机交强险保费为 910 元。

在保险理赔范围之内，因此为了保障自身生命和财产安全，农户会更倾向于购买其他的商业保险，使得农户购买农机保险的需求进一步下降。而保险公司的经营目标是实现利润最大化，农户的需求不足将会直接影响保险公司的利益，从而降低保险公司开办保险业务的积极性，使农机保险地区之间的发展愈发不平衡。以河南省为例，截止到 2013 年年底，长垣县有 46 709 台拖拉机，其中大中型拖拉机 2 400 余台，绝大多数拖拉机都是从事农田作业，但是由于当地交强险仅委托给当地中国人民财产保险股份有限公司一家承保，公司大幅提高保费的做法，导致农户参保意愿极低，基本没有拖拉机参保交强险。截止到 2017 年，全省约有 380 万台拖拉机，但在农机管理部门挂牌入户的仅有 69 万台，挂牌率仅 18%，年检率仅有 10%*，按国家规定拖拉机上道路行驶必须办理交强险，但由于拖拉机主要进行田间作业，从而导致农户参保意愿较低。但办理交强险是农机入户、办理牌照的前提，这就导致河南省近 90% 的拖拉机没有办理牌照，使得农机使用风险显著增加，加上农机事故高发导致保险赔付率居高不下，道德风险和信息不对称等使得保险公司查勘定损难度剧增，给保险公司造成较大的经济负担，从而开展拖拉机交强险业务的积极性骤减，使得交强险发展陷入供需两难的境地。以江苏省为例，2017 年江苏省共有 13.69 万台农机投保了农机保险，其中扬州市共有 25 226 台农机参加了农机保险，占比 18.43%，居全省首位；其次是盐城市，共有 19 732 台农机参加了农机保险；而连云港市仅有 2 584 台农机参加了农机保险，居全省末位。2017 年江苏省各市的农机保险投保情况如图 3-1 所示。

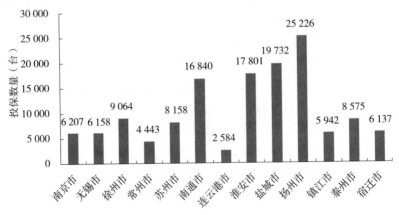

图 3-1　2017 年江苏省各市农机保险投保情况

---

　　* 数据来源：根据中国农业机械化信息网和公开资料整理所得。

农机保险业务的开展，需要投入大量的人力、物力和财力，但各地区之间在财政支持力度、政府重视程度等方面存在较大差异，导致地区间农机保险业务的发展出现不平衡的现象。从财政补贴上看，为全面有效地推行农机综合险，大部分地区纷纷上调财政补贴比例，无锡、苏州、南京等地将财政补贴比例上调至80%，扬州、徐州、淮安等地将财政补贴比例上调至60%，但少部分地区由于财政资金紧张，并没有追加财政补贴。财政补贴是影响农户购买农机保险的一个重要因素，财政补贴比例的差异很有可能导致地区间农机保险业务发展的不平衡。从政府部门的重视程度上看，为响应江苏省政府提出的大力发展农机保险业务的号召，大部分地区的政府部门积极出台相应的政策措施，并组织专门的工作人员来承担农机保险业务的开展与宣传等工作。但仍有少数地区农机管理相关部门对农机保险没有给予足够的重视，没有为保险公司在农机注册登记或进行年检的场所开展保险工作给予相应的配合和辅助，农机事故安全教育以及农机保险的宣传工作也都没有落实到位，导致当地农机保险业务的发展呈现出较为低迷的态势。

（三）保险公司缺乏积极性

近年来随着农机化进程不断加快，农机事故频发问题也随之而来，仅2018年上半年全国共发生了1 121起农机事故，导致直接经济损失648.31万元，平均每起事故损失0.58万元；等级公路上共发生了232起农机事故，导致直接经济损失342.91万元，平均每起事故损失1.48万元，尽管事故发生率较2017年上半年下降了35.2%，但经济损失较2017年上半年增长了27.3%[*]。由表3-5可知，2017年江苏省平均每起事故赔付额最高，为0.89万元，农机事故伤亡率为23.28%；湖南省农机事故伤亡率高达36.89%，平均每起事故赔付额为0.43万元，可见农机事故发生率和事故经济损失之高。农机事故的高发性和高赔付性使得保险公司开展保险业务的经营成本和经营风险显著增加。此外，农忙季节是农机使用的高峰期，为了获得更高的收益，农机手疲劳驾驶、超负荷工作等现象屡见不鲜，导致农机事故的发生存在季节性特征，加上道德风险和信息不对称等因素使得保险公司查勘定损和理赔难度剧增，很有可能造成保险公司收不抵支情况，在没有严格的政策把控的情势下，极大地降低了保险公司经营农机保险的积极性，有些保险公司拖延甚至拒绝开展农机保险业务，导致我国农机保险陷入供求不足的困境。表3-6为2016—2018年全国农机事故伤亡及经济损失总数。

---

* 根据中国农业机械化信息网、江苏省农业机械管理局及公开资料整理、计算所得。

表 3-5 2017 年江苏、陕西、湖北、湖南的农机事故伤亡和保险赔付情况

项目	江苏	陕西	湖北	湖南
受伤率（％）	22.43	13.87	5.65	32.82
死亡率（％）	0.85	0.88	0.71	4.07
平均每起事故赔付额（万元）	0.89	0.26	0.26	0.43

数据来源：由江苏省农业机械管理局、中国保险学会及公开资料整理、计算所得。

表 3-6 2016—2018 年全国农机事故伤亡及经济损失总数

项目	2016 年	2017 年	同比增长	2018 上半年	同期增长
农机事故数	3 207 起	2 683 起	−16.34％	1 121 起	−1.6％
死亡人数	1 081 人	917 人	−15.17％	359 人	−10.9％
受伤人数	2 483 人	1 957 人	−21.18％	949 人	10.3％
直接经济损失	1 931.38 万元	2 064.64 万元	6.90％	648.31 万元	−18.4％

数据来源：农业农村部办公厅、中国农业机械化信息网及公开资料整理所得。

（四）农户的参保率偏低

以江苏省为例，截止到 2017 年年底，江苏省共有拖拉机 92.5 万余台、联合收割机 17.5 万台，其中参加农机保险的农机 13.69 万台，参保率仅 12.44％。江苏省新推行的农机综合险参保率也不高。据统计，全省定期参加检验的大中型拖拉机 4.2 万台，仅有 2.7 万台参加了农机综合险，参保率为 64.29％；参加定期检验的联合收割机中仅有 3.35 万台参加了农机综合险，参保率为 56.21％*。从以上统计数据可以看出，江苏地区农机险的参保率偏低，主要原因有以下 3 个方面：

1. 农户的风险防范意识薄弱 农机行驶速度缓慢，据《道路交通安全法实施条例》规定，在宽敞的道路上行驶时，大中型拖拉机的速度最高不得超过 30 千米/时，小型拖拉机不得超过 15 千米/时；在田间地头行驶作业时，大中型拖拉机的速度最高不得超过 15 千米/时，小型拖拉机不得超过 10 千米/时，再加之农机多集中于农忙时节进行作业，其余时节大多闲置不用，作业时长较短，致使农户缺乏对农机风险事故的直观认识，认为农机风险事故发生的概率较小，存在侥幸心理，不愿意主动购买农机保险。

2. 农户对农机保险的认知不足 受制于有限的文化知识水平，大部分农户对农机保险的认知存在较大偏差。他们认为只要购买了农机保险，无论因何

---

* 资料来源：《关于 2017 年度全省农机政策性保险工作情况的通报》。

种原因发生何种程度的农机风险事故,保险公司都应当承担赔偿全额经济损失的责任。而当连续多年购买农机保险的农户因未发生农机风险事故而无法得到经济赔偿时,农户又会认为自己花了"冤枉钱"并拒绝再次购买农机保险。

3. 无证农机投保困难 《农业机械安全监督管理条例》要求,在拖拉机、联合收割机投入作业前,农机持有人应当持身份证等证件到当地农机化主管部门进行注册登记,并主动参加政府部门开办的农机操作、驾驶培训等课程,考试合格者方能取得农机驾照。在注册登记成功后,持有人还应当配合农机管理部门每年对农机进行定期检验,排查安全事故隐患,并于年检过后投保或续保,未参加年检的农机则无法购买农机保险。据统计,截止到2017年年底,江苏省共有拖拉机、联合收割机110余万台,其中参加定期检验的大中型拖拉机4.2万台、联合收割机5.96万台,部分地区农户由于机具老旧或二手机具办理程序复杂等原因,未能办理注册登记手续或对农机进行定期检验,从而限制了投保。

第二节 不同农机保险经营模式对比分析

一、政府主导下专业保险公司经营模式

(一)模式的定义以及优缺点

1. 模式的定义 政府主导下专业保险公司经营模式是指由政府出资成立政策性农业保险公司,市场化运作农业保险和农机保险。

2. 模式的优缺点 政府主导下专业保险公司经营模式的优点主要为:①政府出资成立的专业农业保险公司有着雄厚的财力支持,能够有力地保障农业保险和农机保险长远、健康地发展;②政府会对其主导建立的农业保险公司提供大量的保费补贴,这既能增强农民的投保意愿,又能保障保险公司的经济收益;③政府的有效干预可以解决"市场失灵"等问题。

但该模式也存在以下问题:由于是政府出资成立专门农业保险公司,就必定要求政府有强大的经济实力作为保障,如果财政实力较弱,则不应该采用该种农机保险经营模式。

(二)试点情况分析

政府主导下专业保险公司经营模式是指政府出资成立政策性农业保险公司,对农机保险进行管理,直接或间接经营保险业务,实施该种模式最典型的地区是上海。

2004年9月,上海安信农业保险股份有限公司正式成立,拉开了我国探

索用专业化的风险管理手段开展农业保险业务的序幕,同时也是我国政府支持下专业化保险公司经营模式的萌芽。为促进农业生产经营的发展,上海市政府出台了相关政策文件,加大对农业保险和农机保险的财政支持力度,并且免除这些险种的营业税,为了响应上级政府号召,上海市各区纷纷开展农机保险工作。2005 年《农机具综合保险条款》通过审核,该条款规定对经过注册登记并检验合格的拖拉机和其他自走式农机提供农机保险保费补贴,上海成为全国率先进行农机保险保费补贴试点的地区,农机保险保费补贴政策的实施极大地刺激了农户的农机保险需求,奉贤区 2006 年农机保险参保率达 95%。该条款的颁布推动了农机保险保费补贴的试点进程,为分散农机风险、保障农户生命和财产安全做出重要贡献。此后上海市农机保险政策在实践中不断完善、优化,并于 2007 年、2009 年、2013 年、2016 年进行 4 次调整,不断加大政府的财政补贴力度,将最低保费补贴比例由 30% 提高到 50%,市、区政府根据自身财政资金情况调整补贴比例,并且不断提高农机保险的保障金额的额度,第三者责任险最高保障金额度从最初的 15 万元调整到 74 万元。上海市农机保险的实施为其他地区推广农机保险起到了带头作用,并为其他地区开展农机保险业务提供了参考依据,为我国农机保险的发展做出了重要的贡献。表 3-7 和 3-8 展示了政府主导下专业保险公司经营模式试点地区农机保险业务的发展情况。

表 3-7　政府主导下专业保险公司经营模式试点情况分析

时间	主要内容
2004 年	上海安信农业保险股份有限公司正式成立,开始探索用专业化的风险管理手段来运作农业保险业务,成为我国首家专业性的农业保险公司。
2005 年	制定《农机具综合保险条款》,在全国率先开展农机保险保费补贴。上海市农机综合险包括交强险、财产险、机上人身险和第三者责任险,补贴对象是经过注册登记并检验合格的拖拉机和其他自走式农机。
2007 年至今	经过 2007 年、2009 年、2013 年、2016 年 4 次调整,农机保险政策不断优化,保费补贴力度不断扩大,财政补贴额度从保费的 30% 提高到 50%,由市、区两级财政差别承担。保障额度不断提高,第三者责任险最高保障额度从最初的 15 万元调整到 74 万元。

表 3-8　2012 年上海市农机保险保费标准

投保农机	功率(千瓦)	保险金额(元)	保费
兼用型拖拉机	≤14.7	210 000	600 元/年
	≥14.7	225 000	840 元/年

（续）

投保农机	功率（千瓦）	保险金额（元）	保费
农用型拖拉机	≤14.7	83 000	240 元/年
	>14.7	160 000	360 元/年
运输型拖拉机	<14.7	210 000	720 元/年
	>14.7	225 000	1 080 元/年
10 万元及以下自走式联合收割机	≤220 000		140 元/月
10 万~20 万元自走式联合收割机	≤320 000		160 元/月
20 万~30 万元自走式联合收割机	≤420 000		180 元/月
30 万~40 万元自走式联合收割机	≤520 000		210 元/月
40 万~50 万元自走式联合收割机	≤620 000		250 元/月

资料来源：由中国农机机械化信息网和公开资料整理所得。

该种模式下农业保险公司由政府出资建立，政府财政资金的支持能够很好地保障保险公司的运营，降低保险公司经营不善的可能性，增强农户对保险公司的信任；同时，政府会对保险公司提供大量的保费补贴以保障保险公司的正常运营，提高保险公司开展农机保险业务的信心和积极性，同时还能够缓解高保费给农户造成的资金压力，刺激农民的参保需求，增强农民的投保意愿，保障保险公司持续开展农业类保险业务的能力。此外，政府可以通过公开市场操作等手段对保险市场进行宏观调控，能够有效地控制"市场失灵"现象。但由于政府出资建立专业的保险公司经营农机保险业务，给政府造成了巨大的财政压力，一旦政府出现财政赤字过重面临较大资金压力的情况，将会严重影响农机保险的实施。

二、政府扶持下商业保险公司经营模式

（一）模式的定义以及优缺点

1. 模式的定义 在该模式下，政府不会出资建立专门的保险公司，而是与市场上的一家或者多家保险公司合作，通过保险公司运用其商业手段来开展农机保险业务，政府给予保费一定的财政补贴，并制定法律政策规范这些保险公司的经营活动。

2. 模式的优缺点 政府扶持下商业保险公司经营模式的优点主要为：①在该模式下，政府不用出资设立专门的保险公司，而是利用现有商业保险

公司的技术、人才、业务网络和管理体系，从而实现对资源的节约和有效利用；②相较于政府主导下专业保险公司的经营模式，商业保险公司经营模式只需要政府将财力、人力花费在政策指导和资金扶持方面，这样能够更好地发挥政府在这些方面的功能；③利用现有的商业保险公司来开展农机保险业务，可以降低农机保险的业务成本；④商业保险公司相较于政府更加了解保险市场的行情，能够做出更准确的判断，在现场勘探以及资金理赔方面都更具优势。

但如果出现以下几类情况，该种模式就不能很好地推动当地农机保险事业的发展：①当地政府的财政收入不足，无法提供农机保险财政补贴，这会严重损害商业保险公司开展农机保险的积极性，不利于当地农机保险业务的开展；②如果当地的商业性保险公司财务实力薄弱且缺少对市场的把控能力，无法很好地配合政府开展农机保险业务，则不能有效推动当地农机保险业务的发展。

(二) 试点情况分析

探索实践政府扶持下商业保险公司经营模式的典型地区是江苏、北京、浙江（宁波）、河北、山东等地。

继上海开始农机保险试点后，江苏省于 2008 年进行了农机政策性保险的试点探索，《江苏省农机保险试点财政保费补贴资金管理办法（试行）》明确了政策性农机保险保费补贴要遵循"政府引导、市场运作、自主自愿、稳步推进"原则；各级财政累计对农机保险保费补贴比例不低于 50%。2011 年北京市农业委员会将农机保险纳入政策性农业保险范畴，实行农机综合险，明确了农机保险保费补贴比例，规定市级财政补贴 50%，各区、县财政累加补贴 20%～40%，而农户只需承担 10%～30% 的保费，此举可极大地减少农户的保费支出，提高了农户的保险需求。2013 年浙江省宁波市开展政策性农机保险补贴试点，对纯农田作业拖拉机交强险、联合收割机第三者责任险保费实施政策性补贴。2015 年《江苏省农业机械综合保险条款费率》规定，将分散的农机保险整合为农机综合险，采取定额方式确定保险金额和保费。河北省于 2016 年开展政策性农机保险试点，同年山东省青岛市黄岛区农业机械管理局积极开展政策性农机保险补贴工作试点，对注册登记的功率为 88.2 千瓦以上（含 88.2 千瓦）农田作业的大型拖拉机和联合收割机尝试进行农机综合险补贴。表 3-9 和表 3-10 分别展示了政府扶持下商业保险公司经营模式试点地区农机保险业务的发展情况和保费标准。

表 3-9　政府扶持下商业保险公司经营模式部分试点地区实施情况

地区	时间	主要内容
江苏省	2008 年	《江苏省农机保险试点财政保费补贴资金管理办法（试行）》对农机政策性保险保费补贴的补贴机型、险种、原则、补贴比例等做出明确规定，规定各级财政提供不低于保费总额 50% 的补贴。
	2009 年	泰州市开展政策性农机保险试点工作。
	2015 年	《江苏省农业机械综合保险条款费率》规定，将分散的农机保险整合为农机综合险，采取定额方式确定保险金额和保费，最高保险金额达 45 万元（第三者责任险和操作人员责任险责任限额分别为 20 万元，财产损失保险责任限额为 5 万元）。政府财政对农机综合险和上道路行驶的拖拉机交强险给予保费补贴，各级财政累加补贴比例不低于保费总额的 50%。
	2016 年	无锡市出台《无锡市政策性农业机械保险实施办法（试行）》，规定政策性农机保险险种为拖拉机交强险、农机综合险和农机库房财产保险；拖拉机交强险保费补贴比例为 70%、农机综合险和农机库房财产保险补贴比例为 90%。
	2017 年	常州市出台《关于调整完善农机保险工作的通知》，对农机保险险种和推广工作做出了明确的指导，以促进农机保险工作的落实。镇江市出台《关于进一步推进农机保险工作的通知》，对农机保险补贴范围和补贴比例进行了调整，对镇江市京口区、润州区、新区及丹徒区的农机保险，市级财政再另行补贴 30%。
北京市	2011 年	北京市农业委员会将农机保险纳入政策性农业保险范畴，实行农机综合险（包括农机损失保险、机上人员责任险和联合收割机第三者责任险 3 个险种）。政府财政对从事田间作业的拖拉机和联合收割机参加农机综合险给予保费补贴，市级财政补贴保费的 50%，各区财政累加补贴保费的 20%～40%，农户只需承担 10%～30% 的保费。
浙江省	2013 年	宁波市开展政策性农机保险补贴试点，对纯农田作业拖拉机交强险、联合收割机第三者责任险保费实施政策性补贴。
	2016 年	平阳县出台《关于印发〈平阳县农机综合险保费补贴政策实施方案（试行）〉的通知》，公布补贴要求如下：①补贴对象：直接从事农业生产的个人和农业生产经营组织；②补贴机具范围：拖拉机、联合收割机、插秧机、履带自走式耕作机和烘干机，当年新购置的上述农机优先办理补贴；③补贴险种：农机损失险、人员意外伤害险、第三者责任险和附加自燃险（仅限烘干机）；④补贴标准：补贴额为保费的 60%。
	2017 年	宁波市将政策性农机保险列入政策性农业保险，实现了对所有农机、操作人员和库房设施等的全覆盖。乐清市继续实行农机综合险保费补贴政策，对参加农机综合险给予保费总额 80% 的补贴。温岭市结合实际情况，遵循"政府补贴推动、农户自愿参保、保险公司市场运作"原则，制订并实施政策性农业机综合保险方案。桐庐县农机部门开展农机免费实地检验工作与农机保险补贴工作。

（续）

地区	时间	主要内容
河北省	2016 年	启动政策性农机保险工作，《河北省政策性农机保险实施方案（试行）》规定于 2017 年在全省推行农机政策性保险试点工作，河北省是全国第二个以农业厅、财政厅、保监局 3 个部门专门对政策性农机保险做出安排的省份。
山东省	2016 年	青岛市黄岛区农业机械管理局积极开展政策性农机保险补贴工作试点，对注册登记功率为 88.2 千瓦以上（含 88.2 千瓦）农田作业的大型拖拉机和联合收割机尝试进行农机综合险补贴。
安徽省	2017 年	安徽省蒙城县农业机械管理局申请了农机政策性保险财政补贴资金 50 万元，对拖拉机、联合收割机和其他符合参保条件的大型机具参加农机综合险的给予 30% 的保费补贴。

资料来源：根据相关政策文件及公开资料整理所得。

表 3-10 江苏省农机综合险费率（试行）

农机种类	保险金额/责任限额（万元）			保费（元）
	农机损失保险	第三者责任险	操作人员责任险	
大中型拖拉机（额定功率≥14.7 千瓦）	5	20	20	500
小型方向盘式拖拉机（额定功率<14.7 千瓦）	—	20	20	400
手扶式拖拉机	—	20	20	400
方向盘自走式联合收割机	5	20	20	500
操纵杆自走式联合收割机	5	20	20	500

在政府扶持下商业保险公司经营模式下，政府不必出资建立专业的保险公司，只需对开展农机保险业务的公司进行规范管理，使得政府财政资金压力显著下降；商业保险公司在开展保险业务方面有较为完善的经营体系，政府可以直接利用保险公司的人才、技术及管理运作体系开展农机保险业务，从而降低政府的成本，使政府能够将更多财政资金用在对保险公司的扶持和保费补贴上，从而实现资源的有效配置和高效利用。相较于政府而言，商业保险公司对保险市场行情把控更加精准，能够准确地根据市场供求的变化适时地制定相应的调控措施，使得农机保险的发展更具有灵活性，且在查勘定损、理赔等方面熟练度较高，能够更有效率的处理农机事故，增强投保人对农机保险的信任和信心，提高农户的参保意愿，积极促进农机保险的发展。但这种模式也会受政府财政资金的影响，倘若当地政府财政收入不景气，无法对保险公司提供财政补贴，那么将会直接降低保险公司开展农机保险业务的积极性。此外，保险公司在运营过程中会可能面临资金周转、经营不善等风险，一旦保险公司经营不

善，那么将会导致其无法响应政府的号召，配合政府实施农机保险政策，这将会导致我国农机保险政策不能有效实施。

三、互助保险模式

（一）模式的定义以及优缺点

1. 模式的定义　农机互助保险是农民为防范在农机作业过程中发生的机具毁损、机手意外人身伤害等风险，自愿开展的以互助共济为目的的合作保险。它以会员互助为基础，不以营利为目的，通过政府鼓励、协会搭台、农民自愿、行业自保、专家管理、风险共担，把农机的安全生产监理、技术推广应用与事故损失补偿有机结合，形成了"三位一体"服务保障模式。农机互助保险模式是以农机互助保险为基础，在政府的帮助和指导下成立农机互助组织，开展农机互助保险业务。陕西、湖北等地就是采取的该种经营模式。

2. 模式的优缺点　农机互助保险模式的优点主要为：第一，在该种模式下开展农机保险可以在一定程度上降低道德风险。农机互助保险的保障群体是参加农机互助保险的成员，成员彼此之间都非常熟悉，对于其他农户家庭中的农机情况相当了解，因此农户之间可以相互监督，防止出现骗保等情况。第二，管理成本较低。农机安全协会是依托农机监理系统开展农机保险的，农机监理系统具备完善的基层组织体系和专业的技术力量，能够在农机专业合作社和农户中广泛宣传农机互助保险，会员发生事故后能够及时组织救援、合理确定补偿数额。这样既大大减少了展业、定损的成本，也维护了农户的利益，增强了互助保险的公信力。

相较于前两种模式，农机互助保险模式在防范道德风险方面确实有着较大的优势，但也存在着一些问题。在国外，互助保险已相对较为成熟，且占有较高的市场地位，但我国的互助保险本身还处于探索、粗放的发展阶段，其组织形式、监管都不太成熟。农机互助保险主要是依靠农机安全协会来组织农机保险业务的开展，其专业性和管理效率并不高。此外，在农机互助保险模式下，农机保险业务的开展还存在着保障水平较低和监管主体不明确等问题。

（二）试点情况分析

农机互助保险是指在政府的鼓励和号召以及农机安全协会的帮助下，将自愿参保的农机手组织到一起，通过会员制的形式收取会费保障资金来源，使得众多农机手共同参保，集中起来抵御风险，最终实现互助共济目的的合作保险。农机互助保险模式是以农机互助保险为基础，以农机安全协会为服务平台，由相关保险主体提供专业指导，农户以互助共济的方式集中分担风险的一种农机保险经营模式，旨在分散农机事故风险、保障农机手的生命财产安全和农村经济的发展。目前该种模式在我国陕西、湖南、湖北以及河南等地进行了探索实践。表 3-11 展示了农机互助保险经营模式试点地区农机保险业务的发展情况。

表 3-11　我国农机互助保险试点地区发展情况

地区	时间	主要内容
陕西省	2009 年	陕西省农业机械安全协会开展农机安全互助工作试点。
	2012 年	省财政给予互助保险保费补贴，会员交纳保费，实行全省统筹、分县记账。
	2018 年	开展联合收割机安全互助保险创新，试点险种为联合收割机安全互助组合险。规定：联合收割机机身损失最高补偿限额 4 万元，驾驶人和辅助作业人员（各 1 人）每人最高补偿限额 10 万元，第三者意外伤害最高补偿限额 30 万元。
湖北省	2010 年	成立农机安全协会，开展了农机互助保险工作；除交强险由农机安全协会指定的商业保险公司承保以外，湖北省农业机械安全协会还开办了机身互助保险和农机驾驶人员人身意外伤害互助保险，并将几乎所有的农机纳入互助保险范围内。
湖南省	2013 年	开展农机保险试点，农机互助保险设立了 3 个险种：机损险、机上人员险和第三者责任险。单个险种最低只需要交 50 元会费，最高也不超过 600 元。
河南省	2014 年	正式成立组织驻马店市农机安全互助保险委员会。
	2015 年	平舆县首单互助保险办理成功，驻马店市农机互助保险试点开始。
	2018 年	河南省开始农机互助保险试点。

农机安全协会开展农机保险业务主要依托于农机监理系统，农机监理系统较为完善的运营体系和专业的技术，不仅能够降低农机安全互助保险的经济成本，还能及时对会员发生的农机事故进行查勘定损，实施精准救援，减少事故经济损失，增强各成员对互助保险的信心，进一步提升互助保险的社会公信力，从而提高农户的参保意愿。农机互助保险的保障对象是农机安全协会的成员，各成员之间相互接触，对农户的家庭及农机使用状况均有所了解，因此各成员之间相互监督，可以有效地防范道德风险和信息不对称等问题，防止农户存在侥幸心理，出现骗保行为。尽管互助保险模式很好地防范了道德风险和逆向选择问题的出现，但农机互助保险主要依靠农机安全协会开展，农机安全协会的成员均是互助保险的保障对象，导致互助保险存在监管主体不明现象；互助保险活动资金大部分来源于农机安全协会筹集的会费，剩余的小部分由地方政府的财政补贴以及社会资助构成，因此资金来源渠道存在一定的局限性，将

会直接影响互助保险的保障水平；此外，在互助保险模式下，商业保险公司仅对其提供相应的指导意见或方案，相较于直接开展保险业务的保险公司获得的利润更低，从而导致保险公司的积极性显著下降。

第三节　本章小结

本章首先梳理了我国农机保险业务发展的 3 个阶段，并通过梳理农机保险相关政策文件来介绍我国农机保险业务的发展情况，并以江苏地区为例，探讨分析我国农机保险发展过程中存在的问题。其次，本章详细介绍了我国农机保险业务的 3 种经营模式，并分别对每种经营模式的优缺点进行分析研究，同时以上海市和江苏省为例，展示部分试点地区农机保险业务的保费标准，让读者能够更加直观地了解我国各试点地区农机保险业务的发展现状，同时，为后文的实证分析研究打下基础。

第四章

农机保险财政补贴的作用机制

农机保险作为一种新型农业保险，对其财政补贴的理论基础和作用机制的研究较少，本章将参考相关农业保险财政补贴的文献对农机保险加以研究。本章从准公共产品属性、正外部性和"市场失灵"等方面来分析农机保险财政补贴的理论基础，从保费补贴的收入效应和替代效应两方面来分析财政补贴农机保险的作用机制。

第一节　农机保险财政补贴的理论基础

一、农机保险的准公共产品属性

公共产品是具有非排他性和非竞争性的产品。按照公共产品的供给、消费、技术等特征，依据公共产品非排他性、非竞争性的状况，公共产品可以被划分为纯公共产品和准公共产品。准公共产品的范围十分广泛，是指具有有限的非竞争性或有限的非排他性的公共产品，它介于纯公共产品和私人产品之间。相对于纯公共产品而言，它的某些性质发生了变化。一类准公共产品是公共的或是可以共用的，一个人的使用不能够排斥其他人的使用，然而，出于私人利益，它在消费上却可能存在着竞争。由于公共的性质，产品使用中可能存在着拥挤效应和过度使用的问题，这类产品如地下水流域与水体资源、牧区、森林、灌溉渠道等。另一类准公共产品具有明显的排他性，由于消费"拥挤点"的存在，往往必须通过付费才能消费，它包括有线电视频道和高速公路等。农机保险具有明显的有限非排他性和有限非竞争性，因此也属于准公共产品。

农机保险作为准公共产品之一，在市场机制下，农机保险的供给是不足的，资源配置无法达到"帕累托最优状态"。因此，政府需要对农机保险提供相应的政策支持，提高农机保险的需求量和供给量，奠定农机保险的市场基础，促进农机保险的持续稳定发展。

二、农机保险具有较强的正外部性

实施农机保险不但能够分散被保险人的风险、提高效用，而且具有较强的正外部性,对其他社会生活产生有利的影响,主要表现为以下 3 个方面。

(1)农业是我国的基础产业,农机保险是保证农业生产顺利进行的重要险种之一。农机保险的风险分散功能可以起到维持农村发展与维护农民稳定的社会作用,农业稳定的受益者不仅仅是农民,也会惠及全社会的每个成员。

(2)农机保险补贴制度的实施有利于农机产品质量的提高。保险机构作为利益相关者,为防止因产品质量问题导致农机事故发生,支付高额赔偿致使公司利益严重受损的事件大量出现,可以采取针对劣质农机产品提高保险费率的措施,久而久之农机产品质量水平必将提升。

(3)农机保险的实施有利于农机安全监理工作的开展。农机监管部门对农机规范化管理的工作难度与工作成本都较高,农机保险可以成为农机安全监理的主要"抓手",将农机保险实施与农机安全监理工作有机结合,在提高农机化"三率"(拖拉机、联合收割机登记上牌率、年检率和驾驶人持证率)的同时,强化农机安全的规范化操作与管理,提高农机监管部门的工作效率。

三、农机保险"市场失灵"

正外部性会造成"市场失灵",即产品的实际数量会小于社会的最佳数量。外部效应是指一个人或一群人的行动和决策使另一个人或一群人受损或受益的情况。农机保险作为一种准公共产品,其所产生的外部效应为正的外部效应。正外部性是某个经济行为个体的活动使他人或社会受益,而受益者无须花费代价。

首先,作为投保人的农民来说,农机保险的一部分利益由自己直接享有,但另一部分利益由全体社会成员所享有,造成自身的边际收益小于边际社会收益,在没有政府补贴的情况下,农民将承担购买农机保险的全部成本,其边际成本将大于边际社会成本,结果必然导致农民个人需求量小于社会需求量,出现农机保险有效需求不足的现象。

其次,作为保险人的保险公司来说,由于系统性风险、信息不对称以及展业、承保、定损、理赔的难度较大,使得农机保险的赔付率和经营成本较高,边际收益极低。在没有政府补贴的情况下,如果按照社会所期望的价格必然导致保险公司的经营亏损,最终将导致农机保险业务萎缩或保险公司退出农机保险领域。

第二节 农机保险财政补贴的作用机制

拥有农机的生产服务组织和大户是农业生产的主力军,农机保险帮助其分散农业经营中面临的各种事故风险，保证其农业生产积极性，对于保障国家粮食安全和稳定促进农民增收具有重大意义。农机保险作为一种风险管理工具，在减轻农机事故损失、保障农民生命和财产安全、维护农村社会和谐稳定等方面发挥着重要作用。随着我国农机化进程的加快，公众逐步重视农机保险在农业发展中的作用，上海、江苏、北京、陕西、湖北等地先后开展了农机保险试点工作，并给予了一定的保费补贴。上海市于 2005 年起在全国率先开展农机保险保费补贴，补贴的对象是经过注册登记并检验合格的拖拉机和其他自走式农机。经过 2007 年、2009 年、2013 年和 2016 年 4 次调整，上海市的财政补贴额度从保费的 30％提高至 50％，由市、区两级财政差别承担。2011 年，北京市农业委员会将农机保险纳入政策性农业保险范畴，实行农机综合险（包括农机损失保险、机上人员责任险和联合收割机第三者责任险 3 个险种），政府财政对从事田间作业的拖拉机和联合收割机参加农机综合险给予保费补贴，市级财政补贴保费的 50％，各区、县财政累计补贴保费的 20％～40％，农户只需承担 10％～30％的保费。2012 年，陕西省财政厅印发《关于 2012 年度农业机械安全互助保险保费补贴的通知》，规定对拖拉机驾驶人及第三者责任组合互助保险、联合收割机损害组合互助保险进行保费补贴。财政部门共补贴保费的 40％，其中省级财政补贴 30％，市、县级财政补贴 10％，2012—2017 年省财政补贴 1 946.65 万元，市级财政配套 145.42 万元，县级财政配套 31.37 万元。2015 年，江苏省财政对农机综合险给予不低于保费 50％的补贴，其中省财政对苏北、苏中、苏南地区分别提供 50％、30％和 20％的保费补贴，差额部分由各市、县级财政补充。

　　财政保费补贴是全国各试点地区为推行农机保险业务所采用的最为直接且最为有效的措施，财政补贴主要有 3 种形式：保费补贴、经营管理费用补贴和税收优惠。其中，保费补贴又可分为显性补贴和隐形补贴两种类型。显性补贴是指政府通过向保险公司缴纳一定比例的保费用来替代发放给农户的保费补贴；隐形补贴的前提条件是政府拥有厘定保险费率的权力，在此基础上，当政府同时承担了相当大比例的赔付责任时，如果制定出的保险费率水平长时期低于精算公平费率，那么可以认为政府承担了一笔隐形保费补贴*。尽管各试点地区财政保费补贴的形式各不相同，但保费补贴通常都是通过收入再分配提高农民实际收入、降低农机保险产品价格来增加对其他消

---

　　* 江生忠、邵全权、贾士彬，等，2017. 农业保险财政补贴理论及经验研究［M］. 天津：南开大学出版社.

费的替代性、减少逆向选择行为等作用机制来提高农户对农机保险的需求，进而推动农机保险市场的发展。本节将以江苏省为例，论述农机保险财政保费补贴的作用机制。

江苏省政府通过向保险公司支付一定额度的保费的形式来给农户提供财政保费补贴，属于经营管理费用补贴。财政保费补贴的作用机制主要体现在保费补贴的收入效应、替代效应及保费补贴可以减少农户的逆向选择行为3个层面。

一、保费补贴的收入效应

政府代替农户缴纳一定比例的保费补贴，从农户的角度来看就相当于保险产品的价格下降，在农户的收入水平未发生变动的情形下，农机保险产品价格的下降就意味着农户的实际收入相对于该种商品的价格下降而言在增加，农户的购买能力在上升，从而对农机保险的需求就会增加。下面将详细阐述保费补贴带来农户收入增加的作用机制以及效用。

（一）保费补贴能够提高农户收入

保费补贴的实施使得农户的收入得以增加，进而刺激了农户的农机保险需求。假设一位农户在一年的正常农业生产活动后能够获得的收入为 W，而发生农机事故造成的经济损失为 x，损失率为 p，而各种物化成本为 C；当地保险公司的平均赔付比例为 δ，保费补贴比例为 α，则与赔付额所对应的保费为 δpx。

在没有农机保险的情况下，农户日常农业生产活动所能获得的预期利润 $E(R)$ 是：

$$E(R) = (1-p)W + p(W-x) - C = W - px - C \quad (4\text{-}1)$$

即使农户已经购买农机保险，只要未得到保费补贴，那么农户的预期利润不会变动。在农户购买农机保险且已获得保费补贴的情形下，农户的预期利润则会变为：

$$E(R) = (1-p)[W-(1-\alpha)\sigma px] + p[W-(1-\alpha)\sigma px - x + \sigma x] - C = W + \alpha \sigma xp - xp - C \quad (4\text{-}2)$$

比较式（4-1）和式（4-2）可以发现，在存在农机保险保费补贴的情形下，农户可获得数值为 $\alpha \sigma xp$ 的预期收入，且保障水平和补贴比例越高，损害金额和损失概率越大，预期收益的增加越明显。因此，保费补贴作为公共财政转移支付的一种特殊方式，实际上是将纳税人财富的一部分转化成了农业生产者收入。

（二）保费补贴通过提高收入刺激农户对农机保险的需求

保费补贴的收入效应体现为：一方面，当消费者预期收入增加，获得的可支配收入提高时，消费者对保险产品的需求一定会增加，农机保险作为一种转移农业生产与市场风险的有效的制度安排，在发达国家其发展程度普遍高于发展中国家，经济发达地区农机保险的险种和产品相比不发达地区更丰富，因此对农机保险的需求会随着收入的增加而提高；另一方面，由于农机保险保费补贴会带来农户收入的增加，从某种角度来说，农机保险不仅仅是一个消耗品，还是一项资源，农户参与农机保险的目的之一就是获得预期收入的提高，为了获得更多的特殊资源，农户会增加对农机保险产品的需求。

从上文的论述中可以看到，保费补贴能够有效提高农户预期收入，且农机事故风险越高的作业生产活动受益越多。从我国各农机保险试点的发展情况来看，各地农机保险的保费补贴比例的设定有所不同，这体现了当地政府稳定农业生产、推动农机保险发展的愿望，保费补贴的设立积极地引导农户购买农机保险，刺激农户对农机保险的需求，推动着各地的农业生产发展。

二、保费补贴的替代效应

政府提供一定比例的保费补贴，使得农户自身所要缴纳的保费额度有所减少，刺激了农户对农机保险的需求。根据经济学原理，由一种商品价格的降低所带来的需求的增加可被分解为由收入效应引起的部分和由替代效应引起的部分。其中，替代效应是指在农户的实际收入不变的情况下，某种商品价格变化对其需求量的影响。当政府提供保费补贴时，农机保险的价格相对下降，那么相对于其余风险规避工具如商业性保险等，农户会选择农机政策性保险来替代商业性保险，从而就增加了对农机政策性保险的需求。实行保费补贴后的替代效应既可以反映为有补贴的政策性险种对无补贴的纯商业险种的替代，还可以反映为高补贴险种对低补贴险种的替代。第一种替代方式带来的结果是农机保险需求的整体提高，后两种替代方式带来的是农机保险内部结构的变化。

从享有补贴的政策性农机保险对不享有补贴的商业性农机保险的替代的角度来看。农机风险事故多发生于农忙时节，在该段时间内，保险公司将面对大量农机事故赔偿款项，经营利润受到了极大的影响，保险公司开办农机保险业务的积极性受到了极大打击。从农户角度来看，享有财政补贴的农机政策性保险的价格比商业性农机保险的价格低，且这二者互为替代品的关系，在政策性农机保险价格相对低时，农户总是倾向于购买比较便宜的商品，因此会增加对该种产品的需求。从保险公司的角度来看，政府提供一定比例的保费补贴，缓解了保险公司经济方面的压力，同时提高了保险公司开办业务的积极性。

从农机保险与传统风险转移方式的替代来看，对农机保险进行高比例的保费补贴后，其他传统的风险转移方式可能被替代，传统的农机风险转移方式包括风险自留、向亲友借款、多元化经营分散风险、作业前对周围环境仔细检查等，这种替代效应在提高对农机保险产品需求的同时，可能会带来一定的道德风险。而在农机保险内部，往往是一部分险种享受保费补贴，另一部分纯商业化运作，因此可能存在有补贴险种对商业化险种挤出效应的情况。不仅如此，在享受保费补贴险种中，补贴比例也有高低之分，高补贴比例的险种一定程度上对低补贴比例的险种有替代作用。因此，保费补贴的替代效应在促进农机保险需求增加的同时调整农机保险产品内部的需求结构。

三、保费补贴可以减少农户的逆向选择行为

在推行农机保险的过程中，当未实行保费补贴时，农机保险在运作过程中会存在逆向选择行为。因为承保农机保险的商业保险公司通常需要面对大量风险各异的被保险人，受制于农机作业环境等因素的影响，保险公司无法对每位农户的风险进行一一识别，只能对一定范围内的地区提供相同保险合同、制定相同费率水平，这就导致对该区域内低风险农户来说保费过高，而对区域内高风险农户来说，农机保险带来的利益非常大，他们更加愿意购买保险来分散巨大的风险。当政府不提供保费补贴时，风险较低的农户由于需要承担过高的保费，会选择退出市场，一段时间之后，留存于市场中的农户风险较高，保险公司原定的保险费率已经无法满足赔付要求，因而会提高费率，从而"劣币驱逐良币"的现象会在此发生。当政府对农机保险提供保费补贴后，农户需要自行缴纳的费用降低，原本风险较低的农户会认为保费降低，因此又重新返回农机保险市场，缓解了上述现象。如果政府希望农机保险有更大的覆盖面积甚至达到全覆盖以减少或消除逆向选择现象，那么政府需要进行更大力度的保费补贴，当区域内农户实际需要交纳的费率降低到一定数额，连风险最低的农户都感受到投保有利时，整个区域便能达到农机保险全覆盖。

第三节　本章小结

本章首先介绍了农机保险的准公共产品属性，通过对农机保险的准公共产

品属性进行分析研究，得出农机保险业务的推广需要政府提供财政保费补贴，否则市场上将会出现"供给短缺，需求不足"的"市场失灵"现象。其次，本章从农机保险财政保费补贴的收入效应、替代效应以及其在减少市场上逆向选择行为作用 3 个方面来详细论述我国农机保险财政补贴的作用机制。

第五章
农户农机保险需求分析

农机保险作为一种风险管理工具，在帮助农户减轻农机事故损失、维护农户生命财产安全等方面发挥着重要作用。由于我国农机保险业务发展较为缓慢，加之农户的风险意识薄弱、安全意识缺乏等原因，我国农户对农机保险的需求偏低。本章将以此为背景开展农户的农机保险需求分析，通过以江苏地区的农户为例，研究农户农机保险支付意愿的影响因素。

第一节　农机保险与农户需求

2017年，党的十九大报告提出要"建立健全城乡融合发展体制机制和政策体系，加快推进农业农村现代化"。农业现代化的推进，对我国农村地区社会经济的发展有着重大意义。农机化是现代农业发展的基石，在提高作物产量、减轻农户农业生产负担、推动我国农业农村现代化发展等方面具有重要作用。为提高我国农机化的发展水平，中央政府于2004年发布了以"三农"为主题的中央1号文件，文件中明确提出要"对农民个人、农场职工、农机专业户和直接从事农业生产的农机服务组织购置和更新大型农机给予一定补贴"的政策要求。之后每年发布的中央1号文件中，中央政府都会就农机化发展提出新的要求。2019年1月3日，发布的中央1号文件中提出要"支持薄弱环节适用农机研发，促进农机装备产业转型升级，加快推进农机化"，体现出中央政府对我国农机化发展的高度重视。农机购置补贴政策的实施减轻了农户的购机负担，刺激了农户对农机的需求意愿，有效推动了我国农机化的发展。我国农机总动力由2004年的64 140.92万千瓦增加到2016年的97 245.59万千瓦，12年间共增加了33 104.67万千瓦。其中，拖拉机和联合收割机作为主要的动力机械，12年间其保有量分别增长了46.68%和367.78%*。农机的广泛使用，给农户的农业生产活动带来了巨大便利，改变了传统以依靠人畜力为主的效率低下的农耕方式，但同时也带来了新的风险[13,14]。2016年，全国共发生2 203起拖拉机肇事伤人事故、

---

* 资料来源：《中国农业统计年鉴》（历年）。

1 004起国家等级公路以外的农机事故，共造成 1 081 人死亡、2 483 人受伤，直接经济损失达 1 931.38 万元*，农机事故严重危害到农户的生命财产安全。面对农机事故的威胁，农业生产者迫切需要一款风险管理工具来分散农机事故风险，农机保险便应运而生。

农户作为保险市场的主要参与者之一，其对农机保险的需求水平不仅会影响保险公司开办农机保险业务的积极性，更会影响政府对农机保险扶持政策的制定与实施；其支付意愿更直接影响政策性保险中对保费补贴比例的设立。因此，开展农户农机保险的支付意愿研究就显得尤为重要。江苏省是全国较早开展农机保险试点业务的地区之一，2013 年全省农机化水平就已达到 78%，主要农作物的机械化水平高达 85%。2015 年出台《江苏省农业机械保险综合条例》，规定对农机综合险给予不低于保费总额 50% 的财政补贴，但自实施以来依然存在农机化的发展程度较高但农户的农机保险参保率却相对偏低的问题，2017 年全省农机综合险的参保率仅为 7.22% 左右。因此，本章以江苏地区为例，深入究竟是哪些因素影响了农户对农机保险的需求意愿，以及江苏省农户对农机综合险的真实支付意愿。此外，考虑到目前农机保险的保障水平较为单一，本书在参照江苏省现行农机保险条款的基础上设计出 3 款不同保额的农机综合险产品，并针对每款保险产品提供 3 种不同的保费补贴比例，从而能够更为科学合理地研究不同保费补贴情形下农户对不同保障水平农机综合险的支付意愿，为江苏省农机保险产品设计及其补贴制度的优化提供决策依据。

一、研究方案设计

依据农机种类的不同，江苏省现行农机综合险的保险标的分为以下 5 类：功率在 14.7 千瓦及以上的大中型拖拉机、小型方向盘式拖拉机、手扶式拖拉机、方向盘自走式联合收割机和操纵杆自走式收割机，保费标准分为两类：大功率农机的保费为 500 元，小功率农机的保费为 400 元。因此，在设计江苏省农户农机综合险的支付意愿调查问卷时，本章将大中型拖拉机和收割机归并为大功率农机，将两类功率不足 14.7 千瓦的拖拉机归并为小功率农机，分别询问农户对这两种不同类型农机综合险的支付意愿。

---

* 资料来源：《农业部办公厅关于 2016 年农机事故情况的通报》（农办机〔2017〕2 号）。

（一）调查问卷设计

1. 问卷设计方法的选择　农机保险作为一种准公共产品，一般的市场供需理论无法准确测算出它的经济价值。条件价值评估法作为非市场价值评估技术中的一种，在生态服务及保险等准公共产品的市场价值研究方面应用极为广泛，其核心思想是在一个模拟的市场环境下，以问卷的形式询问受访者对某种产品的消费意愿，并通过以货币数额的形式来表现出该种产品的具体经济价值[15]。因此，本章将采用条件价值评估法来设计调查问卷并对农户的农机综合险支付意愿进行测度。

2. 农机综合险产品设计　在预调研的过程中，不少农户表示江苏省现行农机综合险的赔付额较低，不能很好满足农户的投保需求。因此，在结合预调研的结果以及江苏省现行农机综合险条款的基础上设计了 3 种不同保障水平的农机综合险产品，并依据江苏省现行的保费补贴比例*为每一类产品设计了 3 种不同的补贴比例情景，以此来研究农户对不同保额农机综合险产品在不同保费补贴情形下的支付意愿。产品设计如表 5-1 所示。

表 5-1　基于不同保额和保费补贴的农机综合险产品设计

		最高赔付额（万元）			保费补贴比例（％）
		机具损毁	路边行人伤亡	作业人员伤亡	
大功率农机综合险产品设计	产品一情形一	5	20	20	0
	产品一情形二	5	20	20	50
	产品一情形三	5	20	20	80
	产品二情形一	10	40	40	0
	产品二情形二	10	40	40	50
	产品二情形三	10	40	40	80
	产品三情形一	15	60	60	0
	产品三情形二	15	60	60	50
	产品三情形三	15	60	60	80

---

* 江苏省政府发布文件《关于进一步推进农机保险工作的通知》（苏农机法〔2016〕18 号），要求省财政至少提供 50％的保费补贴，各市、县级财政补贴再根据当地实际情况提供保费补贴。

（续）

| | | 最高赔付额（万元） | | | 保费补贴比例 |
		机具损毁	路边行人伤亡	作业人员伤亡	（%）
小功率农机综合险产品设计	产品一情形一	—	20	20	0
	产品一情形二	—	20	20	50
	产品一情形三	—	20	20	80
	产品二情形一	—	40	40	0
	产品二情形二	—	40	40	50
	产品二情形三	—	40	40	80
	产品三情形一	—	60	60	0
	产品三情形二	—	60	60	50
	产品三情形三	—	60	60	80

注：表格中所列的路边行人伤亡事故为第三者责任险赔偿事故中的一种，本表用路边行人伤亡事故来指代第三者责任险。

3. 农机综合险的支付意愿相关问题设计 农户的支付意愿测度是调查问卷的核心部分。为避免农户的支付意愿受信息偏差影响，首先，应向农户详细介绍农机综合险；其次，询问农户在一个模拟市场中是否愿意购买农机综合险，并询问其不愿意购买的理由；最后，再依据条件价值法提供的询价方式来引导农户的农机综合险支付意愿。

条件价值评估法中有开放式询价法、支付卡式询价法、投标博弈法和二分选择式询价法4类方法来引导受访者的支付意愿。使用开放式询价法、支付卡式询价法和投标博弈法获得的支付意愿都是固定数值，受访者由于缺少合理的参考价位极有可能给出过高或过低的数额，导致调查数据失真。二分选择式询价法只需受访者就某一支付意愿投标值回答"是"或"否"，相比其余3种方法更贴近商品的市场定价行为[16]。在二分选择式询价法中，根据询问的次数不同，又可分为单边界、双边界以及多边界3种方法。使用多边界二分选择式询价法进行询问时，通过多次对不同额度的支付意愿投标值进行询问，能够更为精确地得到受访者的支付意愿。多边界二分选择式询价法在实际应用过程中又衍生出3种询问方式：单向递减式、双向式以及单向递增式。3种方法虽然在询问起点以及询问方向上有所不同，但得到的结果却完全一致[17]。为了能够得到更加精确的支付意愿水平，本章将选择多边界二分选择式询价法中的双向询价法来测度农户的支付意愿。

多边界二分选择式询价法中的双向询价法简单来说是就问卷设计中给定

的初始保费额度 WTP_i 询问受访者是否愿意购买，如果受访者表示愿意，则提高一个保费额度至 WTP_{i+1} 并继续询问，如果此时受访者表示不愿意购买，则其支付意愿值就落入 $[WTP_i, WTP_{i+1})$ 区间，并结束询问；如果受访者仍愿意支付，则将保费额度进一步提高并继续询问受访者的支付意愿，直至问卷设计的最大保费额度 WTP_{i+n}，如果在该水平下受访者仍然愿意购买，则其支付意愿值落入 $[WTP_{i+n}, +\infty)$ 删失区间，并结束询问；如果受访者无法接受初始保费额度，则降低一个额度至 WTP_{i-1} 进行询问，询价模式保持不变，直至询问到问卷设计的最小保费额度 WTP_{i-j}，如果受访者仍不愿意购买，则其支付意愿值落入 $[0, WTP_{i-j})$ 区间，并结束询问[18]。表 5-1 所示农机综合险产品—情形二的组合与当前江苏省推行的农机综合险产品一致，在引导农户对该种产品的支付意愿时，本章根据前期在江苏镇江地区的预调研结果，结合江苏省现行的农机综合险条款，对问卷设计中的支付意愿额度进行了多次修改和完善，最终将大功率农机综合险产品—情形二组合的支付意愿初始额度定为 250 元，最小和最大额度分别定为 50 元和 800 元，每间隔 50 元设置一个支付额度；将小功率农机综合险产品—情形二组合的支付意愿初始额度定为 200 元，最小和最大额度分别定为 50 元和 600 元，同样每间隔 50 元设置一个支付额度，并根据设计的数值来引导农户购买农机综合险。

4. 支付意愿的影响因素相关问题设计 在使用条件价值评估法对某种产品的经济价值进行测度研究时，除了要对核心的产品估值部分进行设计调查外，还要对受访者支付意愿的影响因素部分进行设计调查。在对现有公共产品支付意愿以及农业保险支付意愿的参考文献进行研究后发现，支付意愿的影响因素主要包括：受访者个人基本特征、受访者家庭基本经济特征以及受访者对该种产品的认知程度。在结合农机以及农机保险相关特性的基础上，调查问卷的影响因素部分设计分为以下 5 类：一是农户个人的基本情况，包括年龄、受教育程度、农机驾照持有情况、农机驾驶年限以及是否参加过政府开办的驾考培训等；二是农户持有的农机基本情况，包括机具类型、购买时间、是否对外提供服务、农机事故发生情况、事故损失等；三是农户的风险偏好，在对该部分进行设计时，通过参考 Dohmen 等人[19]对受访者的风险态度进行研究时采取的询问方法，本章通过设计农业生产经营的情景问题来度量农户的冒险程度；四是农户对农机保险的认知，包括对农机保险的了解程度、希望农机保险以何种方式发放补贴、补贴发放的依据以及农户对农机保险重要性的认知等；五是农户家庭的基本经济情况，包括农户的家庭规模、家庭年收入、农机作业收入等。

（二）数据来源

为使本书的农机综合险支付意愿调查问卷设计更加严谨合理，本书于2018年4月对镇江市等地区的农户开展预调查工作，获得相应预调研数据，此后于5～6月参加农机保险专家座谈会议，通过与专家的沟通交流和对预调研数据的分析处理，对农机综合险支付意愿的调查问卷进行修改完善，最终完成正式调研所需的问卷。在正式调研中，本章选取江苏省扬州市江都区、宿迁市泗阳县和徐州市丰县作为样本点，每个样本点随机选取4个乡镇，每个乡镇随机抽取20位农户，于2018年7月完成问卷调查，并对南通、苏州、连云港等地的农户进行补充调研，共获得335份问卷，剔除重要数据缺失的样本，获得295份有效问卷，问卷的有效率达到88.06%。

二、样本的描述性分析

（一）样本特征的描述性分析

1. 农户个人基本特征的描述性分析　本章的研究对象为家中拥有农机的农户，表5-2展示了样本农户个人基本特征的统计情况。从性别上看，由于驾驶农机对农户身体素质等各方面要求较高，因此农机的驾驶、操作人员多为男性。样本中男性户主占比99.32%，女性户主占比0.68%，男女户主比例差距明显。从年龄的分布情况看，样本中从事农机作业活动的户主大多为中年人，年龄主要集中于41～60岁，占比74.91%；年龄在21～40岁的户主仅54人，占样本的18.31%。这主要是因为相较于老一辈农户，年轻人的就业机会更多，更愿意选择外出工作。户主年龄在60岁以上的人数较少，仅占样本的6.78%。随着年龄的增长，农户的健康状况越来越差，在农业生产活动中面临的风险也随之增多，因此大部分年龄较高的农户都不愿意从事农机生产工作。从受教育年限上看，户主整体的文化程度相对偏低，文化程度在初中及以下水平（受教育年限9年及以下）的户主有204人，占总样本的69.15%；文化程度在高中及以上水平的户主仅91人，占总样本的30.85%，农户文化水平的高低将影响其对农机保险等新鲜事物的认知及接受程度。从农机驾驶年限的分布情况看，驾驶年限在10年及以下的户主人数最多，占比47.46%；驾驶年限11～20年的户主人数次之，占比32.20%；驾驶年限在20年以上的户主仅占样本总量的20.34%，户主整体的农机驾驶年数偏低。从农机驾照的持有情况看，88.14%的户主持有农机驾照，不持有的户主仅占11.86%，样本农户的驾照持有率较高。

表 5-2　样本农户的个人基本特征统计

个人基本特征	类别	频数	占比（%）
户主性别	男	293	99.32
	女	2	0.68
户主年龄	21～30 岁	12	4.07
	31～40 岁	42	14.24
	41～50 岁	134	45.42
	51～60 岁	87	29.49
	61～70 岁	20	6.78
户主受教育年限	6 年及以下	49	16.61
	6～9 年	155	52.54
	10～12 年	77	26.10
	13～16 年	14	4.75
农机驾驶年限	0～10 年	140	47.46
	11～20 年	95	32.20
	21～30 年	42	14.24
	31～40 年	13	4.41
	41～50 年	5	1.69
农机驾照的持有情况	持有农机驾照	260	88.14
	不持有农机驾照	35	11.86

　　表 5-3 展示了样本农户的个人基本特征与购买农机综合险意愿的描述性分析。通过对农户的个人基本特征按照农户愿意购买农机综合险和不愿意购买农机综合险的分组进行 T 检验，分析发现户主的年龄和受教育年限在愿意购买农机综合险和不愿意购买的分组之间差异显著，而户主的性别、农机驾驶年限以及农机驾照持有情况在愿意购买农机综合险和不愿意购买的分组上均不存在显著差异。由此可以推断，户主的年龄和受教育年限与农户是否愿意购买农机综合险存在一定的相关性，而户主的性别、农机驾驶年限以及农机驾照持有情况则与农户是否愿意购买农机综合险的关联度不大。

表 5-3　样本农户个人基本特征与购买农机综合险意愿的描述性分析

个人基本特征	愿意购买农机综合险	不愿意购买农机综合险	T 检验
户主性别	0.99	1.00	−0.01 (0.41)

（续）

个人基本特征	愿意购买农机综合险	不愿意购买农机综合险	T 检验
户主年龄（岁）	47.68	51.35	−3.67** （2.02）
户主受教育年限（年）	9.31	8.22	1.09* （−1.84）
农机驾驶年限（年）	14.18	15.26	−1.08 （0.51）
农机驾照持有情况	0.88	0.91	−0.03 （0.49）

注：本章主要研究的是农户对大功率农机综合险的支付意愿。如表 5-1 所示，农机综合险产品一情形二的组合与江苏省现推行的农机综合险一致，因此表 5-3、表 5-5、表 5-7 和表 5-9 对样本农户的基本特征按照农户是否愿意购买农机综合险的分组所做的 T 检验都是以大功率农机综合险产品一情形二的组合展开的。在剔除一个抗议反映偏差 * 的样本后，大功率农机综合险的样本农户共 294 户。表 5-3、表 5-5、表 5-7 和表 5-9 中，前两列数值表示两个组别均值的差，T 检验一列括号中的数值为 T 检验结果的 T 值。其中，*代表在 0.1 水平上差异显著，**代表在 0.05 水平上差异显著。

2. 农户家庭基本特征的描述性分析　样本农户的家庭基本特征统计如表 5-4 所示。农户的人均年纯收入水平主要集中于 1 万～4 万元，占比 44.75%；23.39% 的农户人均年纯收入水平在 7 万元以上，仅 18.31% 的农户人均年纯收入不超过 1 万元。与 2017 年江苏省农村居民 19 158 元的人均可支配收入相比，样本农户的人均年纯收入水平相对较高。从农户的农机作业收入占比看，80% 的农户农机作业收入不超过家庭年总收入的 50%，仅 8.47% 的农户农机作业收入占家庭年总收入的 75% 以上。样本农户的农机作业收入占比不高，是因为农户的收入来源不仅有农机作业服务，还有其余如外出打工、农畜养殖、作物耕种等，这体现了农户收入来源的多样性。从样本农户的家中均拥有农机总价值来看，64.75% 的农户持有的农机总价值不超过 20 万元，20% 的农户持有的农机总价值为 20 万～40 万元，仅 15.26% 的农户持有的农机总价在 40 万元以上。与少部分开设家庭农场等合作组织的农户相比，样本中大部分农户持有农机的目的是开展日常农业生产活动，对农机的数量以及质量等方面的要求较低，因此样本农户持有的农机总价值整体上相对偏低。除驾驶农机开展日常生产活动外，样本中 78.98% 的农户还对外提供农机作业服务。农户在提供对外作业服务时，需要驾驶农机在各作业地区间往返运行，面临的农机事故风险也大大增加。因此，提供对外作业服务的农户更需要农机保险来保障他们的生命财产安全。

---

　* 抗议反映偏差是指受访者反对调查问卷设计的假想情景而不愿意配合问卷调查导致其支付意愿值为 0 的一种偏差，在后续处理中应从样本剔除。

表 5-4　样本农户的家庭基本特征统计

家庭基本特征	类别	频数	占比
家庭人均年纯收入	>0 万元，≤1 万元	54	18.31%
	>1 万元，≤4 万元	132	44.75%
	>4 万元，≤7 万元	40	13.56%
	>7 万元，≤10 万元	28	9.49%
	>10 万元	41	13.90%
农机作业收入占比	>0，≤25%	157	53.22%
	>25%，≤50%	79	26.78%
	>50%，≤75%	34	11.53%
	≥75%，<100%	25	8.47%
农机总价值	>0 万元，≤20 万元	191	64.75%
	>20 万元，≤40 万元	59	20.00%
	>40 万元，≤60 万元	21	7.12%
	>60 万元	24	8.14%
是否对外提供农机作业服务	提供对外服务	233	78.98%
	不提供对外服务	62	21.02%

　　表 5-5 展示了样本农户家庭基本特征与购买农机综合险意愿的描述性分析。通过对农户的家庭基本特征按照农户愿意购买农机综合险和不愿意购买农机综合险的分组进行 T 检验，分析发现农户家庭的人均年纯收入、农机作业收入占比、农机总价值和是否对外提供农机作业服务在愿意购买农机综合险和不愿意购买农机综合险的分组上均不存在显著差异，由此可以推断，农户家庭的人均年纯收入、农机作业收入占比、农机总价值和是否对外提供农机作业服务与农户是否愿意购买农机综合险的关联度不大。

表 5-5　样本农户家庭基本特征与购买农机综合险意愿的描述性分析

家庭基本特征	愿意购买农机综合险	不愿意购买农机综合险	T 检验
家庭人均年纯收入	59 020.36 元	78 323.24 元	−19 302.88 (0.75)
农机作业收入占比	31%	38%	−0.07 (1.34)

（续）

家庭基本特征	愿意购买农机综合险	不愿意购买农机综合险	T 检验
农机总价值	254 853.95 元	338 056.52 元	−83 202.57 (1.25)
是否对外提供农机 作业服务	80%	70%	0.10 (−1.14)

注：T 检验一列括号中的数值为 T 检验结果的 T 值。

（二）农户认知因素的描述性分析

1. 农户对风险认知的描述性分析 样本农户对风险认知的统计如表 5-6 所示。农机事故给农户的日常生产活动甚至是生命财产安全带来了巨大的威胁，样本中大部分户主都表现出对农机事故的担心，其中 67.80% 的户主对农机事故的担心程度在中等及以上水平，仅 32.20% 的户主认为农机事故无须担心。他们认为农机行驶速度缓慢，只要在驾驶过程中小心谨慎，就不会发生农机事故。但从统计数据来看，样本中有 4.41% 的户主曾发生过农机事故，事故的发生率并不低。因此，政府部门仍需加大农户安全教育宣传工作的力度，进一步提升农户的农机事故风险认知水平。在度量户主的风险偏好上，本章设计了"农业生产经营"和"农机操作"两种情景，通过分析两种情景下农户的冒险程度来推断户主的风险偏好类型。从农业生产经营情景下户主的冒险程度看，样本中近一半的户主冒险程度较低，32.20% 的户主冒险程度在 4～7 分，仅 16.27% 的户主冒险程度在 8～10 分，这表明样本农户大多是风险厌恶或风险中性，仅少部分农户为风险偏好型。从农机操作方面户主的冒险程度看，84.41% 的户主冒险程度较低，仅 15.59% 的户主冒险程度在 4 分及以上水平，说明大部分农户并不愿意在农机操作方面做出较大的冒险举动。

表 5-6　样本农户对风险认知的统计

农户的风险认知	类别	频数	占比（%）
是否发生过农机事故	发生过	13	4.41
	未发生	282	95.59
户主对农机事故的担心程度	不担心	95	32.20
	一般担心程度	48	16.27
	担心	152	51.53

（续）

农户的风险认知	类别	频数	占比（%）
户主的农业生产经营冒险程度	0~3分	152	51.53
	4~7分	95	32.20
	8~10分	48	16.27
户主在农机操作方面的冒险程度	0~3分	249	84.41
	4~7分	35	11.86
	8~10分	11	3.73

表 5-7 展示了样本农户的风险认知与购买农机综合险意愿的描述性分析。通过对户主的风险认知情况按照农户愿意购买农机综合险和不愿意购买农机综合险的分组进行 T 检验，分析发现户主农机事故的发生情况以及对农机事故的担心程度在愿意购买农机综合险和不愿意购买农机综合险的分组之间差异显著，而户主的农业生产经营以及农机操作方面的冒险程度在愿意购买农机综合险和不愿意购买农机综合险的分组上均不存在显著差异。由此可以推断，户主农机事故的发生情况以及对农机事故的担心程度与农户是否愿意购买农机综合险存在一定的相关性，而户主在农业生产经营以及农机操作方面的冒险程度与农户是否愿意购买农机综合险的关联度不大。

表 5-7 样本农户的风险认知与购买农机综合险意愿的描述性分析

农户的风险认知	愿意购买农机综合险	不愿意购买农机综合险	T 检验
是否发生过农机事故	0.04	0.13	−0.09 (2.10**)
户主对农机事故的担心程度	2.23	1.78	0.45 (−2.31**)
户主的农业生产经营冒险程度	3.69	2.74	0.95 (−1.37)
户主在农机操作方面的冒险程度	1.27	0.70	0.58 (−1.17)

注：T 检验一列括号中的数值为 T 检验结果的 T 值。其中，** 代表在 0.05 水平上差异显著。

2. 农户对农机保险认知的描述性分析 样本农户对农机保险认知的统计如表 5-8 所示。从农户的农机保险购买情况看，样本中 87.12% 的户主曾经购买过农机保险，仅 12.88% 的户主未购买农机保险，说明样本农户对农机保险的接受程度较高；从农户对农机保险重要性的认知上看，80％的户主认为农机保险较为重要，仅2.37％的户主认为农机保险不重要，样本农户整体对农机保险重要性的认知程度较高。

表5-8　样本农户对农机保险认知的统计

农户的农机保险认知	类别	频数	占比（％）
户主曾经是否购买过农机保险	购买过	257	87.12
	未购买过	38	12.88
户主对农机保险重要性的认知	不重要	7	2.37
	一般重要	52	17.63
	很重要	236	80.00

表5-9展示了样本农户对农机保险认知的描述性分析。通过对户主的农机保险认知情况按照农户愿意购买农机综合险和不愿意购买农机综合险的分组进行T检验，分析发现户主对农机保险重要性的认知在愿意购买农机综合险和不愿意购买农机综合险的分组之间差异显著，而户主曾经的农机保险购买情况在愿意购买农机综合险和不愿意购买农机综合险的分组上不存在显著差异。由此可以推断，户主对农机保险重要性的认知与农户是否愿意购买农机综合险存在一定的相关性，而户主曾经的农机保险购买情况与农户是否愿意购买农机综合险的关联度不大。

表5-9　样本农户对农机保险认知的描述性分析

农户的农机保险认知	愿意购买农机综合险	不愿意购买农机综合险	T检验
户主曾经是否购买过农机保险	0.88	0.78	0.10 （−1.38）
户主对农机保险重要性的认知	2.80	2.48	0.32 （−3.20***）

注：T检验一列括号内的数值为T检验结果的T值。其中，***代表在0.01水平上差异显著。

（三）样本农户的支付意愿描述性分析

如表5-1所示，农机综合险产品一情形二的组合与当前江苏省推行的农机综合险一致，因此本章将先对该种产品组合的农户支付意愿分布情况进行描述性分析。

1. 大功率农机综合险的支付意愿分布情况　在本章295个调查样本中，有24位农户的支付意愿值为0，占比8.14％，农户支付意愿值为0的原因分布情况如表5-10所示。其中，买不起农机保险和对保险公司不信任是农户支付意愿值为 0 的两个最主要原因，其余有极少部分人分别因农机保险不重要、保障程度低、已购买其他人身伤害或医疗商业性保险等原因而不愿购买。只有 1 位农户认为该笔费用应该由政府支付，属于抗议反映偏差*，为避免本章后续研究受其影响，将该农户数据从样本中剔除[20]，最终得到 294 份有效样本。

表 5-10　农户支付意愿值为 0 的原因分布情况

原因	频数	占比（%）
买不起农机保险	6	25.00
农机保险不重要	5	20.83
该笔费用应该由政府支付	1	4.17
保障程度低	3	12.50
不信任保险公司	6	25.00
已购买其他人身伤害或医疗商业性保险	1	4.17
基本不会有风险，不需要购买保险	1	4.17
政府补贴太少	1	4.17
合计	24	100.00

样本农户的大功率农机综合险支付意愿分布情况如图 5-1 所示。从图中可以看出，样本农户的支付意愿曲线走势较为陡峭，其支付意愿主要集中在曲线前中部，即 500 元以下的区间，说明农户对该种产品的保费额度认知较为集中。样本中仅 25.17% 的农户愿意以 500 元的保费额度投保该种产品，即政府不给予任何保费补贴情形下大功率农机综合险的农户参保率仅 25.17%，农户过低的参保率将影响农机综合险业务的开展。为确保农机综合险业务的发展，政府需提供一定比率的财政补贴以满足最低参保率要求。

2. 小功率农机综合险的支付意愿分布情况　295 个有效样本中有 134 位农户的小功率农机综合险支付意愿值为 0，占比 45.42%。在这 134 位农户中，49.25% 的农户认为小功率农机综合险不重要，不需要购买该种保险；20.89% 的农户认为小功率农机即将被淘汰，没有任何必要购买农机保险；16.42% 的农户认为小功率农机移动速度缓慢，且多于田间进行作业，基本不会发生农机事故，因此没有必要购买农机保险。与大功率农机综合险相比，农户对小功率农机综合险的接受程度较低，受访者中有近一半的农户不愿意购买该种保险；其余农户即使愿意购买，愿意支付的价格也偏低。此外，有 4 位农户认为该笔

---

*　抗议反映偏差是指受访者反对调查问卷设计的假想情景而不愿意配合问卷调查导致其支付意愿值为 0 的一种偏差，在后续处理中应从样本剔除。

费用应该由政府支付，为避免抗议反映偏差影响本章后续研究，将该类样本剔除，最终得到 291 份有效样本。

样本农户对小功率农机综合险的支付意愿分布情况如图 5-2 所示。从图中

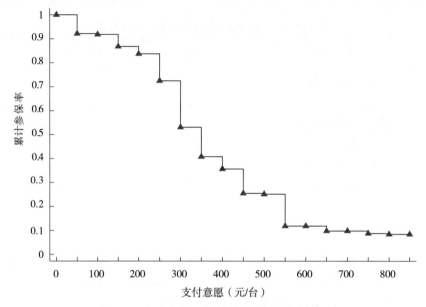

图 5-1　大功率农机综合险支付意愿分布情况

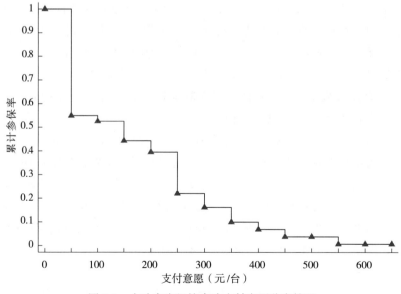

图 5-2　小功率农机综合险支付意愿分布情况

可以看出，样本农户的支付意愿曲线在 0～50 元/台的区间内走势陡峭，这与样本中近一半农户的支付意愿值为 0 有关；50～250 元/台的区间内，曲线走势略有陡峭；250 元以上的保费区间中，曲线走势基本平稳，说明农户对小功率农机综合险的接受程度较低。样本中仅 39.52% 的农户愿意以 200 元的保费额度投保该种产品，即政府给予 50% 的保费补贴的情形下小功率农机综合险的农户参保率仅为 39.52%，参保率较低。若政府想要推行小功率农机综合险，则需提供高于 50% 的保费补贴。

由于农户对小功率农机综合险的接受程度较低、支付意愿也较低，且随着农业规模化生产趋势愈加明显，农机化的提挡升级加快，小功率农机将逐步退出作业，因此本章后续对农机综合险的支付意愿进行研究时仅以大功率农机展开。

第二节　农户农机保险的支付意愿分析

根据上一节的研究内容，样本农户对小功率农机综合险的接受程度较低，因此，本章后续将以大功率农机综合险①展开研究农户的农机综合险支付意愿。本节将通过定量分析法对农户大功率农机综合险的支付意愿进行影响因素分析，并测算样本农户的平均支付意愿值；同时，通过对比分析不同保费补贴情形下农户对多档保障水平农机综合险的支付意愿及其对应的参保率，为每类产品组合制定相应的保费区间。

一、农户农机综合险支付意愿的影响因素分析

（一）模型建立

由多边界二分选择式询价法引导得到的农户支付意愿数据分为两类：一类落入 $[WTP_i, WTP_{i+1})$ 的完整区间，另一类落入 $[WTP_{i+n}, +\infty)$ 的删失区间，一般采用生存分析法来处理样本的删失数据②。生存分析法是一种将事件状态的转变与状态转变前经历的时间相结合进行分析研究的统计方法，其中能有效处理农户的支付意愿删失数据的计量模型有两类：一类是包含对数正态模型、对数 Logistic 模型和 Weibull 模型等的参数模型；另一类是 Cox 比例风险函数的半参数模型。相较于参数模型，半参数模型对样本农户的支付意愿数据

---

① 如表 4-1 所示，大功率农机综合险产品一情形二的组合与当前江苏省推行的农机综合险一致，因此本章将以此产品展开研究样本农户的农机综合险支付意愿影响因素并测算其平均支付意愿值。

② 最早运用生存分析法对受访者支付意愿进行影响因素研究的国外学者是 Carson 和 Mitchell。

分布类型没有特定要求[21,22]。因此，本节将选用 Cox 比例风险模型来研究样本农户农机综合险的支付意愿影响因素。

Cox 比例风险模型的核心是通过构建风险函数来完成对农户农机综合险支付意愿的影响因素分析。风险函数 $h(b, X)$ 表示农户受危险因素向量 X 的影响在支付水平 b 上不愿意购买农机保险而在支付水平 $b-\delta$ 上愿意购买的条件概率极限，表达式为：

$$h(b, X) = \lim_{\delta \to 0^+} \frac{p(b-\delta \leqslant B < b \mid B < b)}{\delta} \tag{5-1}$$

令 $X = (x_1, x_2, \cdots, x_m)$ 表示所有影响农户农机综合险支付意愿的因素，$h_0(b)$ 表示所有影响因素都取 0 值时的基底风险函数，$\beta = (\beta_1, \beta_2, \cdots, \beta_m)$ 为影响因素向量 X 的回归系数，表示当影响因素 x_i 每变动一个单位时引起农户不愿意购买农机保险可能性的变动幅度，则 Cox 比例风险模型的一般形式为：

$$h(b, X, \beta) = h_0(b)\exp(\beta X) = h_0(b)\exp(\beta_1 x_1 + \beta_2 x_2 + \cdots + \beta_m x_m) \tag{5-2}$$

由参数 β 的含义可知，参数 β 与农户的农机综合险支付意愿呈负相关关系。若变量 x_i 的回归系数 β_i 符号为正，则表明农户的农机综合险支付意愿会随着变量 x_i 的增加而减少；若变量 x_i 的回归系数 β_i 符号为负，则表明农户的农机综合险支付意愿会随着变量 x_i 的增加而增加。在对回归系数 β 进行估算时，假设农户在支付水平 b 上不愿意购买农机保险而在支付水平 $b-1$ 上愿意购买，依据风险函数与生存函数呈对偶关系可以得出区间 $[b-1, b)$ 上的风险函数为：

$$h_b = 1 - \exp\left[-\int_{b-1}^{b} h(b, X, \beta)\mathrm{d}b\right] = 1 - \exp\left[-\exp(X\beta)\int_{b-1}^{b} h_0(b)\mathrm{d}b\right] \tag{5-3}$$

其中，令 $\ln\left[\int_{b-1}^{b} h_0(b)\mathrm{d}b\right] = \lambda_b$，则式（5-3）可以表示为：

$$h_b = 1 - \exp[-\exp(X\beta + \lambda_b)] \tag{5-4}$$

假设某位农户 i 的支付意愿落入 $[b-1, b)$ 以外区间的概率为 $1-h_b$，则该位农户在某个区间 j 内相对风险度的似然函数为：

$$L = h_b \prod_{\notin j}(1-h_b) = \{1 - \exp[-\exp(X\beta + \lambda_b)]\} \prod_{\notin j}\{\exp[-\exp(X\beta + \lambda_b)]\} \tag{5-5}$$

以变量 k 来表示某位农户 i 的农机综合险支付意愿所在区间的特征，若农户的支付意愿落入完整区间 $[WTP, WTP+\varepsilon)$，则变量 k 赋值为 1；若农户的支付意愿落入删失区间 [WTP，+∞)，则变量 k 赋值为 0，样本农户整体的相对风险度似然函数就可表示为：

$$lnL = \sum_{i=1}^{n} k_i \{\ln\{1 - \exp[-\exp(X\beta + \lambda_b)]\} - \prod_{\notin j} \exp(X\beta + \lambda_b)\}$$

(5-6)

通过对式（5-6）运用极大似然函数迭代法可以求得参数 β 的估计值。

（二）变量选择

1. 因变量的选择　Cox 比例风险模型通过将事件状态的转变与转变前经历的时间相结合进行分析研究。因此，本节的因变量包括生存时间变量和删失变量。本节的生存时间变量为从初始询问值开始询问至得到农户农机综合险支付意愿区间所经历的询价次数[18]。举例来说，当询问到农户的支付意愿值最高不超过 300 元时，该农户的支付意愿值就落入 [250，300) 的区间。由于问卷设计的初始询问值为 250 元，从 250 元开始共经历 1 次询问就得到农户的支付意愿区间，因此该农户的生存时间变量就赋值为 1，其余区间的生存时间变量赋值情况以此类推。删失变量是用来度量相应事件是以"失败"或"删失"哪种状态结束的。本节中，若农户对 800 元的询问价格仍能接受，则其支付意愿值将落入 [800，+∞) 删失区间，对应的事件也以"删失"告终，删失变量赋值为 0；若落入完整区间，则表示对应的事件以"失败"告终，删失变量赋值为 1。

2. 自变量的选择及描述性分析　影响农户农机综合险支付意愿的因素较多，模型的变量选择存在一定困难。在结合现有公共产品支付意愿和农业保险支付意愿的研究结果以及本章对样本特征所做的 T 检验的基础上，将农户农机综合险的支付意愿影响因素分为以下 4 类：

（1）农户的个人基本特征。在农户的个人基本特征中，选择了户主年龄、户主受教育年限、户主农机驾驶年限、户主是否参加过技能培训以及是否加入合作社或家庭农场等合作组织作为影响农户农机综合险支付意愿的个人因素。

（2）农户的家庭基本特征。在农户的家庭基本特征中，选择了农户家中的农机总价值、是否对外提供农机作业服务、农机作业收入占比以及家庭人均年纯收入 4 个变量作为影响农户农机综合险支付意愿的家庭因素。

（3）户主对风险的认知。在户主对风险认知的基本特征中，选择了户主是否发生过农机事故、户主对农机事故的担心程度以及户主的生产经营冒险程度 3 个变量作为影响农户农机综合险支付意愿的风险认知因素。在对变量"户主对农机事故的担心程度"进行处理时，依据调查问卷中的不同担心程度类别设计了 3 个虚拟变量，以此来度量户主对农机事故的担心程度。此外，还设计了"农机操作"以及"生产经营"两种情景问题来度量农户的风险偏好，在考虑到"生产经营"情景的范围要大于"农机操作"情景，且更能准确度量农户自身的风险偏好，因此将选择户主的生产经营冒险程度来度量农户的风险偏好。在对该变量进行处理时，将问卷中打分较低的农户归为"冒险程度低"一类，将打分中等的农户归为"冒险程度一般"一类，将打分较高的农户归为"很愿意冒险"一类，并按照这 3 类冒险程度设计了 3 个虚拟变量，以此来度量户主的风险偏好类型。

（4）户主对农机保险的认知。在户主对农机保险认知的基本特征中，选择了户主是否购买过农机保险和对农机保险重要性的认知 2 个变量作为影响农户农机综合险支付意愿的农机保险认知因素。在对变量"农机保险重要性的认知"进行处理时，依据调查问卷中的不同重要性认知程度设计了 3 个虚拟变量，以此来度量户主对农机保险重要性的认知。

表 5-11 展示了本节所使用相关变量的定义和描述性统计。样本中户主的平均年龄在 48 岁左右，其中 69.15％的户主文化程度在初中及以下水平，农户整体文化水平偏低。样本中 51.53％的户主农业生产经营冒险程度在 3 分及以下，32.20％的户主冒险程度在 4～7 分，仅 16.27％的户主冒险程度在 8 分及以上，说明样本农户整体是风险厌恶或风险中性，仅少部分农户为风险偏好型。本节的研究对象为家中均有农机的农户，样本中 90％的户主参加过农机技能培训，未加入合作社或家庭农场等服务组织的户主占比仅 26％左右，说明调查地区农机化发展水平较高，农户的农机专业知识较为丰富。农户家中拥有的农机总价值最高为 200 万元，最低为 3 500 元，64.75％的农户持有的农机总价值不超过 20 万元，说明样本中大部分农户持有农机的目的是用于日常农业生产活动，除用于自家农田作业外，样本中 79.98％的农户还提供对外农机作业服务。样本农户的农机作业收入占比均值为 32％，仅 8.47％的农户农机作业收入占比在 75％以上，样本农户的家庭人均年纯收入均值为 6.05 万元，其中 23.39％的农户家庭人均年纯收入超过 7 万元水平，这体现出样本农户的家庭收入水平较高且收入来源具有多样性。样本中有 4.41％的户主曾经发生过农机事故，大部分户主的农机驾驶年限在 10 年及以下水平，仅 20.34％的户主农机驾驶年限在 20 年以上，说明农户整体的机龄较短，农机事故发生率较高，需要农机保险来帮助其分散农机事故风险，降低农机事故损失。样本中大部分户主都表现出对农机事故的担心程度，仅 32.20％的户主表示无须担心农机事故风险，说明样本农

户整体对农机事故的认知水平较高。样本中 87.12％的户主曾经购买过农机保险，且 80％的户主对农机保险重要性的认知较为集中，说明样本农户整体对农机保险的认知程度较高。

表 5-11　变量的定义和描述性统计

变量名称	变量定义	均值	标准差	最小值	最大值
因变量：					
生存时间	询问开始至得到户主农机综合险支付意愿区间所用的询价次数	3.70	2.99	1	11
删失变量	0＝支付意愿落入删失区间；1＝落入完整区间	0.91	0.28	0	1
自变量：					
户主年龄	户主年龄（周岁）	47.96	8.42	26	69
户主受教育年限	户主在学校接受正规教育年数（年）	9.22	2.74	0	16
户主农机驾驶年限	户主驾驶农机的年数（年）	14.26	9.70	0	50
户主是否参加过技能培训	户主是否参加过政府提供的驾考培训以外的正规技能培训（0＝否；1＝是）	0.90	0.30	0	1
户主是否加入合作组织（含家庭农场）	户主是否加入合作社或家庭农场等服务组织（0＝否；1＝是）	0.74	0.44	0	1
农机总价值	家庭拥有的农机总价值（万元）	26.14	30.55	0.35	200
是否对外提供农机作业服务	0＝否；1＝是	0.79	0.41	0	1
农机作业收入占比	农机作业收入占家庭总收入的比重（％）	0.32	0.25	0	1
家庭人均年纯收入	家庭人均年纯收入（万元）	6.05	11.90	0.05	149.17
是否发生过农机事故	0＝否；1＝是	0.04	0.21	0	1
对农机事故的担心程度：					
不担心	0＝否；1＝是	0.32	0.47	0	1
一般担心	0＝否；1＝是	0.16	0.37	0	1
担心	0＝否；1＝是	0.52	0.50	0	1
对生产经营的冒险程度：					
不愿意冒险	0＝否；1＝是	0.51	0.50	0	1
一般	0＝否；1＝是	0.32	0.47	0	1
愿意冒险	0＝否；1＝是	0.16	0.37	0	1

（续）

变量名称	变量定义	均值	标准差	最小值	最大值
是否购买过农机保险	0＝否；1＝是	0.87	0.33	0	1
对农机保险重要性的认知：					
不重要	0＝否；1＝是	0.02	0.15	0	1
一般	0＝否；1＝是	0.18	0.38	0	1
重要	0＝否；1＝是	0.80	0.40	0	1

（三）农机综合险支付意愿的定量分析

1. 农机综合险支付意愿影响因素的回归结果 本节采用 Cox 比例风险模型对影响农户农机综合险支付意愿的因素进行分析研究，考察户主个人基本特征、家庭基本特征、对风险的认知和对农机保险的认知 4 类因素对农机综合险支付意愿的影响，回归结果如表 5-12 所示。

从结果来看，样本的删失数据共 25 个，占比小于 10%，符合开展生存分析的要求[23]。模型通过了 0.01 水平的显著性检验，说明回归总体显著。户主的受教育年限、是否参加过技能培训、是否加入合作社或家庭农场等服务组织、农机总价值、农机作业收入占比、家庭人均年纯收入、对农机事故的担心程度、在生产经营方面的冒险程度和是否购买过农机保险 9 个变量通过了显著性检验，是影响农户农机综合险支付意愿的主要因素。以下对各显著变量进行详细分析：

表 5-12　农机综合险支付意愿影响因素的回归结果

自变量	回归系数	标准误	相对风险度	P 值
户主年龄	−0.000 05	0.007	0.999 95	0.994
户主受教育年限	−0.032*	0.019	0.969	0.094
户主农机驾驶年限	0.009	0.006	1.009	0.138
是否参加过技能培训	−0.439***	0.146	0.645	0.003
是否加入合作组织或家庭农场	0.206*	0.125	1.229	0.100
Ln 农机总价值	0.143Ln**	0.063	1.153	0.024
是否对外提供农机作业服务	0.125	0.125	1.134	0.315
农机作业收入占比	−0.445**	0.208	0.641	0.032
Ln 家庭人均年纯收入	−0.301***	0.055	0.740	0.000
是否发生过农机事故	0.184	0.189	1.202	0.332

（续）

自变量	回归系数	标准误	相对风险度	P 值
对农机事故的担心程度：				
不担心	0.104	0.113	1.109	0.360
一般担心	0.238*	0.139	1.269	0.086
在生产经营方面的冒险程度：				
不愿意冒险	−0.529***	0.130	0.589	0.000
一般	−0.464***	0.139	0.629	0.001
是否购买过农机保险	−0.319**	0.147	0.727	0.030
农机保险重要性的认知：				
不重要	−0.088	0.302	0.915	0.770
一般	0.051	0.124	1.053	0.678
样本总量	295			
对数似然值	−1 350.53			
似然比统计量	105.04			
显著性水平	0.000 0			

注：*、**、***分别表示系数在 0.1、0.05、0.01 水平上差异显著。Ln 在文中表述含义为对数形式，是指文中各种被解释变量和解释变量对数，包括农地转入面积、家庭耕种面积、农机总价值等。参数估计值与支付意愿呈负相关关系。参数估计值的符号为负表示对应变量的增加会提高农户对农机综合险的支付意愿；反之，则会降低对农机综合险的支付意愿。本表中的标准误均为稳健标准误。

（1）在农户的个人基本特征因素中，户主受教育年限、是否加入合作社或家庭农场等服务组织和是否参加过政府提供的除驾考培训以外的正规技能培训3 个因素分别在 0.1、0.05 和 0.01 的水平上具有差异显著性。户主的受教育程度越高，对农机综合险的支付意愿越强烈，户主的受教育年限每增加 1 年，对农机综合险的支付意愿就将提升 3.2%。受教育程度越高，户主对农机保险这一新鲜事物的接受程度越高，越懂得利用农机保险来减轻农机事故带来的经济损失，从而对农机综合险的需求就越强烈。参加过正规技能培训的户主支付意愿比没有参加过的户主高，这是因为参加过政府提供的正规技能培训的户主对农机事故的危害性了解程度更深，对农机保险的了解程度也要高于没有参加过技能培训的农户，因此更愿意通过购买农机综合险来减轻农机事故带来的损害。没有加入合作组织的户主对农机综合险的支付意愿要比加入的户主高，这可能是因为没有加入合作组织的个体农户抗风险手段比较单一，只能通过寻求农机保险来减轻事故损害，而已经加入合作组织的农户能够享受到组织提供的优惠举措，在发生事故之后可能得到一定的经济援助，抗风险能力也更强，因此对农机综合险的需求相对不够强烈。

（2）在农户的家庭基本特征因素中，农机总价值、农机作业收入占比和家庭人均年纯收入通过了显著性检验。农机总价值的回归系数为正，表示家中农机价值越高，农户的支付意愿越低。其原因可能在于：现行农机综合险条款中规定的机具毁损最高赔付金额为5万元，而实际上零部件损坏极少能赔付到这个额度，即使机具毁损至报废依残值定损，由于农机一旦使用，折损极大、残值较低，很少能拿到5万元的赔付额，当农机价值高到一定程度时，较少的赔付额相对大功率机械的原值不值一提，因此家中农机价值越高的农户对农机综合险的支付意愿越低。农机作业收入占比的回归系数为负，农机作业收入占比每提高1％，农户的农机综合险支付意愿就会提高44.5％。农机作业收入占比表示农机作业收入在家庭总收入中的比重，占比越高，该家庭的收入来源越单一，农户的生产经营活动对农机的依赖程度越高，发生事故后对家庭生产经营和收入的影响更为严重。因此，农机作业收入占比越大的农户家庭更加愿意购买农机综合险。家庭年人均年纯收入的回归系数为负，表示农户家庭人均年纯收入越高，农户对农机综合险的支付意愿也越大。农户家庭年人均年纯收入越高，表示个人的购买能力越强，受资金约束越小，自然也就更愿意购买农机综合险。

（3）在农机事故风险认知因素中，户主对农机事故担心程度和生产经营冒险程度均通过了显著性检验。"一般担心"程度的虚拟变量通过了样本的显著性检验，且回归系数为正，表明该变量负向影响户主的农机综合险支付意愿。以"担心"农机事故的虚拟变量为参照，"一般担心"程度虚拟变量的正值系数表明，户主对农机事故的担心程度越高，对农机综合险的支付意愿就越强烈。农机事故给农户的日常生产生活都带来了巨大的威胁，越担心农机事故发生的农户，越希望通过寻求农机保险的帮助来分散风险，因此农户对农机综合险的支付意愿越强烈。户主的生产经营冒险程度同样也显著影响农户的农机综合险支付意愿，户主的生产经营冒险程度越低，对农机综合险的支付意愿越高。生产经营冒险程度一定程度上衡量了农户的风险偏好，在农业生产经营中越倾向于不冒险，表明农户的风险偏好越具有风险规避型特征，风险规避型农户的效用函数为凹函数，边际效用递减，因此风险决策越倾向于购买农机综合险来规避农业事故风险。

（4）在农机保险认知因素中，户主是否曾经购买过农机保险通过了0.05水平的显著性检验，且回归系数为负，表明相较于从未购买过农机保险的农户，购买过的农户对农机综合险的支付意愿更高，这一方面反映了对农机保险的了解和认知会直接影响农户的农机保险购买决策，也一定程度上反映了农户的续保意愿。

2. 农机综合险平均支付意愿值测算　对平均支付意愿值测算的方法较多，有加权平均法、中位数法以及克里斯特伦的 Spike 模型计算法等。本节将采用克里斯特伦的 Spike 模型计算法来测算样本农户对大功率农机综合险的平均支付意愿值。克里斯特伦的 Spike 模型计算法具体测算步骤为：首先，求得有效样本的平均支付意愿值；其次，在考虑到支付意愿值为 0 对测算结果的影响，通过克里斯特伦提出的 Spike 模型对计算得到的平均支付意愿值进行修正；最后，计算得出修正之后的平均支付意愿值。根据样本的统计数据，本节首先计算出样本的平均支付意愿值（$Mean$）和支付意愿率（$Rate_{WTP+}$）*：

$$Mean = \sum_{i=1}^{k} A_i \frac{n_1}{N} = 356.89 \text{ 元}；Rate_{WTP+} = 92.18\% \quad (5\text{-}7)$$

其次，根据克里斯特伦的 Spike 模型计算法对样本的平均支付意愿值进行修正：

$$WTP = Mean \times Rate_{WTP+} = 328.98 \text{ 元} \quad (5\text{-}8)$$

最后，通过计算得到样本的修正平均支付意愿值为 328.98 元。

江苏省现施行的大功率农机综合险的保费为 500 元，政府提供的保费补贴不低于保费总额的 50%，农户个人需要承担的保费不超过 250 元。通过上述对大功率农机综合险平均支付意愿值的计算，农户的平均支付意愿值为 328.98 元，超过厘定的 250 元保费额度，产生这一现象的原因主要是：江苏省虽然于 2017 年才开始在全省范围内推行农机综合险，但在各级政府部门的积极配合下，农机综合险业务的推广较为迅速，农户对大功率农机综合险的接受程度也较高，因此农户的平均支付意愿值可能超过厘定的保费额度。虽然计算得到的样本农户大功率农机综合险平均支付意愿值超过厘定的保费额度，但在该平均值下的农户参保率在 53.06% 左右，若政府想要继续提高江苏地区农户的大功率农机综合险参保率，则需要提供更多的保费补贴。

二、不同保额和保费补贴的农机综合险产品支付意愿分析

为探究不同保额农机综合险产品在不同保费补贴情形下价格与参保率的关

---

*　支付意愿率等于非零支付意愿值占总有效样本的比重。

系，本节分别对大功率农机综合险产品一、产品二和产品三在3种不同保费补贴情形下的支付意愿分布进行对比分析，得出这3种产品在不同保费补贴情形下的价格定价区间，定价区间如表5-13所示。

表5-13　大功率农机综合险产品的保费定价区间

		最高赔付额（万元）			保费补贴比例（％）	保费定价区间（元）	对应的参保率（％）
		机具损毁	路边行人伤亡	作业人员伤亡			
大功率农机综合险产品设计	产品一情形一	5	20	20	0	不建议推行	
	产品一情形二	5	20	20	50	400～500	83.67
	产品一情形三	5	20	20	80	500～750	88.10
	产品二情形一	10	40	40	0	不建议推行	
	产品二情形二	10	40	40	50	600～700	74.40
	产品二情形三	10	40	40	80	1 000～1 250	77.89
	产品三情形一	15	60	60	0	不建议推行	
	产品三情形二	15	60	60	50	800～900	61.43
	产品三情形三	15	60	60	80	1 000～1 250	72.11

（一）产品一在3种不同保费补贴情形下的支付意愿分布情况

产品一在3种不同保费补贴情形下的农户支付意愿分布情况如图5-3所示。从图中可以看出：

（1）农户自付价格低于100元的区间，80％的保费补贴情形对应的支付意愿曲线参保率最高；100～250元的区间，50％的保费补贴情形对应的支付意愿曲线参保率最高[*]。

（2）政府提供80％的保费补贴情形下，农户的农机综合险支付意愿曲线走势陡峭，其支付意愿主要集中在曲线前中部，即350元以下的区间内，仅25.17％的农户愿意以350元的保费水平投保该种产品组合，说明农户对该种产品组合的保费标准有着集中的认知。在该种产品组合下，若农户的自付价格为150～200元，即农机综合险产品一的保费水平在750～1 000元，农户的参保率能达到66.67％；若农户的自付价格降低至100～150元，即该种产品组合的保费额度定在500～750元，农户的参保率将提升至88.10％。2017年，

---

[*] 如图5-2和图5-3，产品二和产品三的支付意愿分布情况也呈现出类似规律。产品二在150元以下的保费区间内，80％的保费补贴情形对应的支付意愿曲线参保率最高；在150～350元的保费区间内，50％的保费补贴情形对应的参保率最高。产品三在200元以下的保费区间内，80％的保费补贴情形对应的参保率最高；在200～700元的保费区间内，50％的保费补贴情形对应的参保率最高。

江苏省农机保险业务保费总收入 6 344.27 万元，理赔总支出 2 517.2 万元，事故赔付率达 39.68%。农机保险业务的开展主要位于地域广袤的农村地区，大部分保险公司在县域的农机监理机构都设有专门的营业网点，同时还安排了相关工作人员协助政府部门开展农机保险业务的推广、宣传工作，保险公司的经营成本较高；此外，农机事故多发生于田间、山地等环境复杂的区域，恶劣的环境加剧了保险公司事故勘探人员的工作难度，使保险公司的经营成本进一步提高。江苏省农机保险业务的事故赔付率虽只有 39.68%，但基于以上种种原因，保险公司的农机保险业务利润率仍旧偏低。若为了继续提高农户的参保率而降低农机综合险的价格，保险公司的经营利润将受到极大损害。因此，对于政府提供 80% 的保费补贴情形下的农机综合险产品一，本节认为该种产品组合的价格定在 500~750 元较为合理。

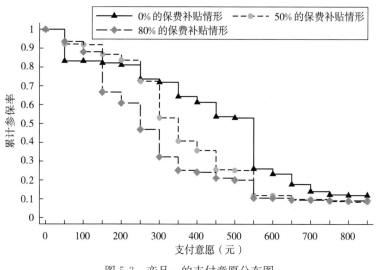

图 5-3　产品一的支付意愿分布图

（3）相较于 80% 的保费补贴情形，50% 的保费补贴情形对应的农户支付意愿曲线走势略有平缓，农户的支付意愿主要集中在 500 元以下的区间，仅 25.17% 的农户愿意以 500 元的保费水平投保该种产品组合。其中，支付意愿在 350 元以下的农户占比 59.18%，低于 80% 的保费补贴情形，说明农户对该种产品组合的保费标准认知程度虽低于 80% 的保费补贴情形，但仍较为集中。在该种产品组合下，若要使农户的参保率达到 50% 以上，农户的自付价格最高不能超过 350 元；若要继续提高农户的参保率，结合该种补贴情形下农户的支付意愿分布情况和江苏省保险公司农机保险业务的经营利润，本节认为该种产品组合的保费标准定在 400~500 元较为合理（对应的农户自付价格为 200~

250元），此时农户的参保率将达到83.67%。

（4）政府不提供保费补贴情形下，农户的支付意愿曲线走势较为平缓，愿意以500元的保费水平投保该种产品组合的农户占比53.08%，愿意以额度更高的600元保费投保该种产品组合的农户占比23.29%，说明农户对该种产品组合的保费标准认知程度要低于50%的保费补贴情形，且农户的认知程度较为分散。在该种产品组合下，若要使农户的参保率达到50%以上，则其自付价格不应超过500元；若要将参保率提高至70%，则该种产品组合的定价不宜超过350元。考虑到保险公司的低利润率，本节认为推行该种产品组合不具有可行性。

（二）产品二在3种不同保费补贴情形下的支付意愿分布情况

产品二在3种不同保费补贴情形下的农户支付意愿分布情况如图5-4所示[①]。从图中可以看出：

（1）政府提供80%的保费补贴情形下，农户的农机综合险支付意愿曲线走势陡峭，其支付意愿主要集中在曲线前中部，即550元以下，仅18.03%的农户愿意以550元的保费水平投保该种产品组合，说明农户对该种产品组合的保费标准有着集中的认知。在该种产品组合下，若农户的自付价格在250～300元，其农机综合险参保率能达到59.18%；若农户的自付价格降低至200～250元，对应的参保率将提升至77.89%；若继续降低自付价格，过低的保费水平将严重损害保险公司的经济利益。以湖南省开展的农机互助保险为例，湖南省政府为每类农机互助保险险种设置了5～6档不同额度的保险金额，当地农户可以依据自身需求选择不同保障水平的农机互助保险产品，曾经发生过农机风险事故的农户更倾向于购买高保障水平的农机互助保险，他们需要缴纳的保费最高为600元[②]。从统计数据来看，2017年湖南省共有24个县（市、区）的农机互助保险直接赔付率超过了40%，当地的农机互助保险业务亏损严重[③]，除理赔操作不规范等原因外，保险的保费定价较低也是当地农机互助保险业务亏损严重的重要原因之一。因此，对政府提供80%的保费补贴情形的大功率农机综合险产品二，考虑到保险公司的经营利润等因素，本节认为将该种产品组合的价格定在1000～1250元（对应的农户自付价格为200～250元）

---

① 为避免抗议反映偏差的影响，产品二同样剔除了抗议反映偏差的样本。在剔除该类样本后，80%的保费补贴情形下的样本总量为294个，50%的保费补贴情形下的样本总量为293个，无政府补贴情形下的样本总量为291个。

② 资料来源：为农机手撑起"保护伞"——湖南省农机互助保险调查（中国农业新闻网）。

③ 资料来源：当前农机互助保险急需解决的几个主要问题（湖南省农业机械安全协会秘书处）。

较为合理。

（2）政府提供50%的保费补贴情形下，农户的农机综合险支付意愿曲线走势略有平缓，其支付意愿主要集中在650元以下，仅24.57%的农户愿意以650元的保费水平投保该种产品组合。其中，支付意愿在550元以下的农户占比64.51%，低于80%的保费补贴情形，说明农户对该种产品组合的保费标准认知程度虽低于80%的保费补贴情形，但仍较为集中。在该种产品组合下，若农户的自付价格在450～500元，对应的参保率能达到56.99%；在考虑保险公司盈亏平衡的基础上，若要提高农户的参保率至70%，本节认为将该种产品组合的价格定在600～700元（对应的农户自付价格为300～350元）较为合理，此时农户的参保率将达到74.40%。

（3）政府不提供保费补贴情形下，农户的农机综合险支付意愿曲线走势较为平缓，愿意以650元的保费水平投保该种产品组合的农户占比45.02%，愿意以额度更高的800元保费投保该种产品组合的农户占比40.89%，说明农户对该种产品组合的保费标准认知程度要低于50%的保费补贴情形，且农户的认知程度较为分散。在该种产品组合下，若要使农户的参保率至少达到50%，则该种产品组合的定价不能超过650元，较低的保费水平会严重损害保险公司的经济利益，所以，本节认为推行该种产品组合不具有可行性。

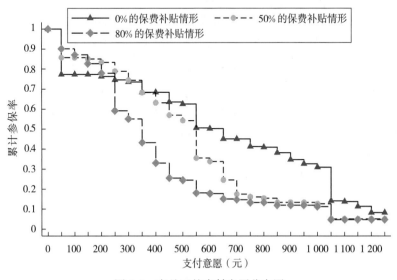

图5-4 产品二的支付意愿分布图

（三）产品三在 3 种不同保费补贴情形下的支付意愿分布情况

产品三在 3 种不同保费补贴情形下的农户支付意愿分布情况如图 5-5 所示*。从图中可以看出：

（1）政府提供 80％的保费补贴情形下，农户的农机综合险支付意愿曲线走势陡峭，其支付意愿主要集中在 600 元以下的保费区间，仅 21.77％的农户愿意以 600 元的保费水平投保该种产品组合，说明农户对该种产品组合的保费标准有着集中的认知。在该种产品组合下，若农户的自付价格在 250～300 元，即农机综合险产品三的保费水平定在 1 250～1 500 元，对应的参保率将达到 65.65％；若农户的自付价格降低至 200～250 元，即对应的产品组合价格定在 1 000～1 250 元，农户的参保率将提高至 72.11％。在参考湖南省农机互助保险发展现状的基础上，本节认为该种产品组合的价格定在 1 000～1 250 元较为合理。

（2）政府提供 50％的保费补贴情形下，农户的农机综合险支付意愿曲线走势较为平缓，其支付意愿主要集中在 900 元以下的保费区间，仅 16.04％的农户愿意以 900 元的保费水平投保该种产品组合，其中，支付意愿在 600 元以下的农户占比 49.83％，低于 80％的保费补贴情形，说明农户对该种产品组合的保费标准认知程度低于 80％的保费补贴情形，且认知程度较为分散。在该种产品组合下，若要使农户的参保率达到 50％以上，则其自付价格不能超过 500 元，即对应的农机综合险产品定价不宜超过 1 000 元；若要继续降低保费额度来提高农户的参保率，过低的保费水平会使当地保险公司的农机保险业务亏损严重，因此本节认为该种产品组合的价格定在 800～900 元较为合理（对应的农户自付价格在 400～450 元），此时农户的参保率将达到 61.43％。

（3）政府不提供保费补贴情形下，农户的农机综合险支付意愿曲线走势平缓，样本中有 105 位户主表示不愿意购买该种产品组合，其余农户的支付意愿分布也较为分散，说明农户对该种产品组合的接受程度较低。在该种产品组合下，若要使农户的参保率至少达到 50％，则其自付价格不能超过 500 元，该种保费额度将极大损害保险公司的经济利益，因此本节认为该种产品组合没有存在的必要。

---

　* 为避免抗议反映偏差的影响，产品三也同样剔除了抗议反映偏差的样本。在剔除该类样本后，80％的保费补贴情形下的样本总量为 294 个，50％的保费补贴情形下的样本总量为 293 个，无政府补贴情形下的样本总量为 291 个。

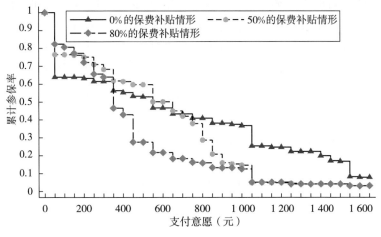

图 5-5　产品三的支付意愿分布图

第三节　本章小结

本章以江苏省为例，采用条件价值法测度农户对农机综合险的支付意愿，运用 Cox 比例风险模型对大功率农机综合险的支付意愿进行影响因素分析，并分析农户对不同保额大功率农机综合险产品在不同保费补贴情形下的支付意愿，期望找出合适的价格区间，为优化农机保险产品及制度设计、促进政策性农机保险普及和参保率提升提供参考。

对于大功率农机综合险而言，80％的保费补贴情形下农户对综合险产品的保费定价认知程度最高，50％的保费补贴情形次之，无政府补贴情形下农户的价格认知水平最低。无论保障程度如何，如果没有保费补贴，该种产品的施行将不具备可行性。在 50％的保费补贴情形下，农机毁损最高赔付 5 万元的综合险产品定价在 400～500 元较为合适，对应的农户参保率将达到 83.67％；农机毁损最高赔付 10 万元的综合险产品定价在 600～700 元较为合适，对应的农户参保率为 74.40％；农机毁损最高赔付 15 万元的综合险产品定价在 800～900 元较为合适，对应的农户参保率为 61.43％。在 80％的保费补贴情形下，农机毁损最高赔付 5 万元的综合险产品定价在 500～750 元较为合适，对应的农户参保率将达到 88.10％；农机毁损最高赔付 10 万元的综合险产品定价在 1 000～1 250 元较为合适，对应的农户参保率为 77.89％；农机毁损最高赔付 15 万元的综合险产品定价在 1 000～1 250 元较为合适，对应的农户参保率为 72.11％。其中，农机毁损 5 万元的综合险产品在 50％的保费补贴情形下的组合与江苏省现行的大功率农机综合险一致，本章通过运用 Cox 比例风险模型对该种产品组合下农户的支付意愿进行影响因素分析，结论表明，户主受教育年限、是否参加过正规技能培训、家庭农机总价值等 9 个因素显著影响样本农户对大功率农机综合险的支付意愿。本章还运用克里斯特伦的 Spike 模型计算法计算出样本农户对大功率农机综合险的平均支付意愿值为 328.98 元，说明样本农户整体对大功率农机综合险的接受程度较高。

小功率农机大多用于农户自家田间作业，行驶速度缓慢，事故发生概率较低，并且在农村土地集中化趋势加快的背景下，正逐渐退出市场，即使政府提供一定额度的保费补贴，农户的参保意愿仍旧偏低。

第六章

农机互助保险的发展历程与现状

在世界范围内，许多国家都开展了农机保险，其中不乏有发展得比较成功的案例。国外农机保险模式可以分为 3 类：一类如美国的商业保险公司模式，一类如巴西、墨西哥政府主导下的商业保险公司模式，一类是互助保险模式；其按照经营主体的不同，又可以分为以日本为代表的保险合作组织经营模式和以法国为代表的相互保险公司经营模式。

本章首先以日本和法国为例回顾了国外互助保险的发展历程，总结了国外农机互助保险经营模式对我国的启示。然后进一步介绍了我国农机互助保险在各省的发展历程和现状，最后以陕西省为例研究农机互助保险的参保和赔付情况。

第一节　国外互助保险发展历程

一、日本保险合作组织经营模式

日本农业保险自 1947 年以来发展至今已有 70 多年历史，现今已经形成覆盖全面、可持续性的农业保险及其灾害补偿体系。日本的农业互助保险覆盖 5 个保险标的，分别为农作物、果树、畜牧业、农机、农场建筑物和园艺，目前已有 1 个国家级的农业共济协会、200 多个保险组合、40 多个联合会和 50 多个事业单位，农业互助保险体系已发展得较为成熟。日本农业保险主要有两种经营模式：一是由日本农业协会经办的互助合作保险，政府无财政补贴，二是由政府农林水产省以及农业共济协会合办的农作物、牲畜、农机等互助合作保险，政府对其进行财政补贴。互助合作机制的会员同时作为保险人和被保险人，成员参与经营管理，享有盈余分配的权力，很好地解决了商业保险中信息不对称的问题。同时，政府对自己的责任有清晰的认知，即不直接经营农业保险，主要是提供部分经营费用，构建农业保险、再保险体系，并对其进行监督。

1947 年日本通过《农业灾害补偿法》，该法确定了互助合作的农业保险运行模式，并于 1951 年开始实施农业共济，自此农机互助保险在日本初具雏形。在农业互助保险组织结构上，日本主要是通过政府牵头建立共济制农业保险机构，推动建立"共济农业协同组合联合会"，各都道府县积极响应，在辖区内市町村成立农业互助保险的分支机构。农业互助保险的法律法规上，日本于1952年颁布《农业共济基金法》，作为农业互助保险初始阶段规范性的法律法规，此法明确规定了农业共济基金的运作增值过程、事故理赔方式等。20世纪60年代，农业保险相关法律法规不断地健全完善，组织机构也发展成熟，保险覆盖率逐渐提高，日本的农业保险共济制模式已经成型，70年代以后，日本政府结合农业共济制的发展实际，不断完善相关监管体制，日本共济制农业保险的参保范围持续扩大，农业保险农业共济协会覆盖面广，承保能力显著加强。

日本农业互助合作保险组织系统是由农业共济组织、农业共济组合联合会和中央政府组成的3层宝塔形，其组织结构如图6-1所示。为了实现互相帮助、抵御灾害和分担风险的目的，建立了农业共济合作社，即为第一层级，其组建范围是日本的城市、乡镇和村。第二层级是省级农业共济组合联合会，它是由下一层级共济组合，第二层级产生监事会、理事会和会长等管理部门，该部门由各个组合选举产生，其工作形式为由会长聘请职员开展和管理互助合作保险业务。考虑到由于日本地理位置的特殊性造成自然灾害的频发，互助保险的程序为：首先，由农业共济组合联合会收取分保费建立基金，对农业共济合作社提供再保险服务；其次，当组合会员遭受自然灾害等的影响时，按程序对受灾会员进行再保险赔偿。第三层级是日本中央政府通过收取再保险保费设立再保险基金，并设立农林部农业共济再保险特别核算处[9]。农业再保险的具体范围根据不同时期的政策和各农业协会的具体需要确定，由协会和农林水产省农业共济再保险特别会计处共同决定。

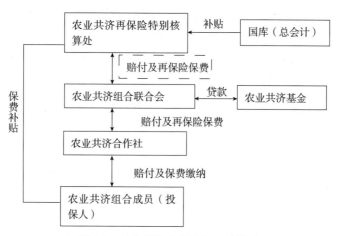

图6-1　日本保险合作组织经营模式

二、法国相互保险公司经营模式

法国保险公司同样推出众多的农业保险产品，其中农机保险是农业保险中的重要组成部分，以法国安盟保险为例，拖拉机和农用机械保险约占农业保险业务的 28%。

1840 年，当时法国 Mions 村庄的几户农民自发创立了第一家农业互助保险合作社，并设立相应的保险基金以应对火灾、水灾等自然灾害的发生，这成了法国农业互助保险的开端。该合作社的成功使得法国农村地区快速地推广农业互助保险这一形式。目前，法国农业互助保险在欧洲的发展规模及交易总量已居首位。

法国政府在 1900 年 7 月通过了《农业互助保险法》，该法律明确规定了不同类别的农业互助保险合作社的法律地位以及其自身享有的权利风险和应承担的范围。20 世纪 40 年代，法国已经有 4 万多个农业互助保险合作社，为了进一步加强对各级农业互助保险合作社的财政支持，并规范农业互助保险合作社的活动，在法国政府的牵头下成立了中央互助保险组织。20 世纪 60 年代初，法国建立了农业损害保险制度，这一制度的建立极大地增加了农业互助保险合作社的经营范围。紧接着，1966 年法国建立了农业再保险制度，该制度使得中央农业保险公司可以向区域农业保险公司提供农业再保险服务。法国于 1986 年成立了农业互助保险集团，以促进不同类型农业保险之间相互合作。

目前法国农机互助保险已形成了成熟的组织形式和经营机制，受到完善的法律保护和充分的政府支持。如图 6-2 所示，法国农机互助保险的组织结构可以看成是由 3 个层次组成的，3 个层级之间相互照应，依次为中央保险公司、省（地区）级保险公司、农业互助保险社，形似 3 层金字塔结构，由上而下补贴保费，由下而上转移风险。第一层级的中央保险公司是这一体系的核心，负责为整个农业保险互助集团制定年度经营方针，同时中央保险公司也负责为省（地区）级农业保险公司提供再保险服务。第二层级是省（地区）级保险公司，联系着上级中央保险公司与农业互助保险社。法国的省（地区）级保险公司在各地区设立保险业务机构，可以自主管理经营该地区的农业保险业务，并负责向下一级农业互助保险社提供再保险。第三层级是农业保险业务的基本单位——农业互助保险社，与农户直接联系，向农户提供农业保险业务。数量众多的农业互助保险社分布于乡村各地，共有近 1 万家，根据市镇的大小进行布局。

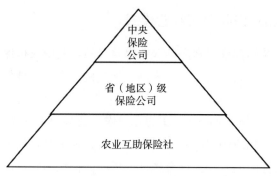

图 6-2 法国农机互助保险公司经营模式

三、日本与法国农机互助保险对我国的启示

从以上内容可以看出，法国、日本互助合作保险的组织机构有一定相似性，法国和日本农机互助保险的组织结构都分为 3 个层次，分别为全国性的保险机构，省（地区）级保险公司和基层保险合作社，3 个垂直层级构成了稳定有效的保险和再保险组织结构，有助于农机风险向上层转移，推动整个农机互助保险的有效运行。而我国农业互助合作保险的组织体系还未形成完整框架，局限于所在省、市。

通过对比研究发现，法国和日本作为世界范围内较成熟的农机互助保险典型模式，有一些共同经验值得我国农机互助保险借鉴：第一，日本和法国都建立了全国性的完善法律体系规范农业互助保险。在法国，已颁布的《农业互助保险法》《农业指导法》《农业灾害救助法》等一系列法律法规，明确了农业互助保险社的运营机制、组织机构职能、风险管理办法以及政府对互助保险组织的税收优惠等支持措施。在日本，有《农业灾害补偿法》为代表的法律法规，明确了农业保险的基本运行模式，形成了完整的互助保险组织体系框架。我国农业保险法制化进程较慢，尚未形成完善的农业保险法律体系，必须通过法律体系的完善，引导农机互助保险的发展。第二，法国、日本农业互助保险体系都以再保险和巨灾风险基金机制增强农业保险体系的抗风险能力。两国各类农业互助合作保险覆盖范围面很大，且构筑了多重风险分散机制的互助保险体系，三级制的组织体系通过原保险和两次再保险形成了稳定的风险分散机制和安全保障体系，增强农业保险抗风险能力。第三，政府对于农业互助保险社的扶持力度较大，对于经营农业互助保险的互助社有一定的营运费用补贴或实行税收优惠政策，在农民缴费环节给予较高比例的保费补贴。日本政府和法国政府都实施了高比例的农机互助保险保费补贴政策或采取较低比例的保险费率，日本给予农户的保费补贴比例达到 50％，法国政府保费补贴比例为 50％～80％，政府对农机保险进行较高的保费补贴，并且十分重视农业保险宣传，增强了农户参加农业保险的积极性，从而提高了农业互助保险的参保比例。

第二节　我国农机互助保险的发展历程与现状

我国开展农机互助保险业务的试点地区主要有 4 个省份，即陕西省、湖北省、湖南省和河南省，本节主要介绍各试点地区农机互助保险业务的发展现状。

一、我国农机互助保险的组织架构

互助保险是具有同质风险保障需求的单位或个人通过订立合同联合起来，并缴纳保费形成互助基金，由该互助基金对合同约定的事故造成的损失承担赔偿责任，或者当被保险人死亡、伤残、疾病或达到合同约定的年龄、期限等条件时，承担给付保险金等责任。互助保险通过组织平台将个体风险转化为集体风险，是一种风险分担保险，互助保险的理念是把所有的人团结组织起来与灾害事故做斗争，投保人和保险人是一体的，互助保险的盈亏与之有权益关系。

农机互助保险模式是国际上广泛采用的农村农业保险制度，农机保险的高损失率和高赔付率使得农户参与商业保险意愿较低，积极性不高，如果完全按商业保险的精算方式测算保险费率，保费又将超出农户的支付能力。与其他类型的保险模式相比，互助保险的模式有利于实现多方合作将成本降到最低，实现收支平衡，提高农户参与意愿，确保可持续发展，并且由于投保人和保险人是一体的，能够形成内部相互监督的机制，能够在一定程度上有效地缓解道德风险和逆向选择问题，控制骗保问题，对于农机保险发展初期的市场而言是一种较优选择。

目前互助保险保险一般呈现"三足鼎立"的格局，三方分别为互助保险组织、商业保险公司、国家政府的社会保险机构。与商业保险不同的是，互助保险组织不接受资本入股，互助保险的互助资金封闭运作，只用于组织内会员的风险保障。互助保险资金包括：运营费用、损失赔款、准备金和分红。一般互助保险组织的发起人组成理事会，给予佣金聘请专业保险经纪公司提供职业经理团队。国家对互助保险组织立法保护，政府给予政策引导支持、费用补贴或税收优惠政策。互助的使命是集千家之力解一家之难，为百姓解难、帮政府分忧，保障农业生产安全。

农机互助保险主要通过地方农机安全协会、发起设立的会员代表、保险经纪公司及相关方面的专家组建农机安全互助管理委员会，设主任 1 人、副主任 2～3 人、委员若干。农机安全互助管理委员会内部采用垂直领导形式，具有扁平化的管理特征（图 6-3）。同时，在开展农机互助保险的区级地区设立办事处、县级地区建立服务中心，均为管理委员会的直属分支机构，听从管理委员会的任务安排，由其授权开展业务。

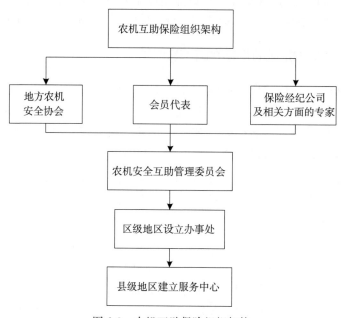

图 6-3　农机互助保险组织架构

开展农机互助保险的活动资金大部分来源于参保会员所缴纳的会费，其余部分由地方政府的财政补贴以及社会资助构成。互助资金的使用分为两部分，其主要部分用于建立风险基金，实行结余滚动积累制，服务于受损的参保农户，一旦参保农户发生农机事故，农机安全互助管理委员会立即对农户的受损情况进行定损并确定损失补偿金额；其次，部分资金用于负担管理服务费用和对无事故的会员分配权益积分。当发生特大农机事故时，现存互助资金不足以补偿当年发生的损失时，可按照共济原则，实行比例补偿。为保障农业生产的顺利进行，农机安全互助管理委员会还建立了农机互助保险巨灾风险分散制度，共有 3 道防线对农机风险进行分散，第一道防线是安全互助资金，第二道防线是预留一部分安全互助资金，将其用于分保以及购买再保险，第三道防线是提取当年会费收入的 10% 作为安全互助巨灾风险准备金。

二、试点地区农机互助保险业务的发展情况

(一)陕西省

陕西省是我国农机互助保险最早实施的省份，2009 年以来，在中国银保监会指导下，陕西省农机安全监理总站率先成立陕西省农业机械安全协会，并开展农机安全互助工作试点。陕西农机互助保险共有 4 个险种，即农机交强险、机身互助保险、农机手意外伤害险和联合收割机跨区作业互助保险（表6-1）。2012 年，省财政给予互助保险保费补贴，具体补贴险种有：拖拉机驾驶人及第三者责任组合互助保险、联合收割机损害组织互助保险。会员交纳保费实行全省统筹、分县记账，财政部门共补贴保费的 40%，其中省财政补贴30%，市、县财政补贴 10%。农机互助保险会员直接缴纳会费，同时考虑到农业贫困户因灾害事故返贫无力支付保费情况，允许当地的县、乡（镇）政府以及乡村集体经济组织为保费支付困难的贫困户垫交会费；同时也允许部分集体经济比较发达的乡（镇）由集体组织统一代交安全互助会费。在互助期间，驾驶人意外伤害、拖拉机损失、第三者责任补偿金额与免补金额之和达到最高给付补偿限额之后，互助保险责任终止。

陕西省联合收割机安全互助保险创新项目，每年会员交纳保费减去事故赔偿、业务费用等，结余以会员权益积分的形式分配给未出险会员，可作为下一年保费，亦可转让。独创了"事故定损补偿监督员制度"，各区（县）的定损补偿监督员可反映会员诉求，对查勘定损过程、方法、定损的依据、补偿结果进行监督，提出质询和建议，发挥会员在农机互助保险中的监督作用，确保定损补偿公平、公正、公开，维护互助保险会员的正当权益。

2017 年全年陕西省农业机械安全协会发展会员 28 130 名。其中，拖拉机会员 15 606 名，占比 55.48%；收割机会员 9 845 名，占比 35%；其他农机会员 2 679 名，占比 9.52%。互助会费 1 115 万元，财政补贴 356.39 万元[*]。

(二)湖北省

湖北省在 2010 年开展农机互助保险试点。农机互助保险险种除交强险由湖北省农机安全协会指定的商业保险公司承保以外，协会还开办了机身互助保险和农机驾驶人员人身意外伤害互助保险，各类农机保险险种涉及范围较广，几乎都纳入互助保险范围之内（表6-1）。湖北省安全互助会员会费包

---

　　* 数据来源：江泰保险经纪股份有限公司国土农林风险部，《农机安全互助保险十年——2017 年统计分析》。

括：驾驶操作人安全互助会费、拖拉机和联合收割机及其他农机安全互助会费 3 个部分。

在互助期限内，存在以下两类互助保险责任终止现象。第一，会员意外伤害补偿金额达到最高补偿限额之后，驾驶操作人意外伤害互助责任终止。第二，拖拉机、联合收割机、其他农机损失的安全互助补偿金额与免补金额之和达到最高补偿限额，或者互助拖拉机、联合收割机、其他农机发生全部损失达到约定的补偿金额之后，拖拉机、联合收割机、其他农机机身损失的互助保险责任终止。

2017 年湖北省农业机械安全协会发展会员 15 090 名。其中，拖拉机会员 6 954 名，占比 46.08%；收割机会员 5 614 名，占比 37.20%；其他农机会员 763 名，占比 5.06%；人身互助保险会员 1 759 名，占比 11.66%。互助会费 5 840 725 元[①]。

2019 年 6 月，湖北省人民政府办公厅下发《关于加快推进农业机械化和农机装备产业转型升级的实施意见》，该实施意见提出要大力发展农机保险，支持有条件的地方选择大中型拖拉机、联合收割机等重点农机产品实施政策性保险，支持依法开展农机互助保险[②]。

（三）湖南省

湖南省农机互助保险试点于 2013 年 7 月正式启动，共设立机损险（机器损坏险）、机上人员险和第三者责任险三大互助保险险种（表 6-1），单个险种最低只需要交 50 元会费，最高缴费也不超过 600 元。其中，第三者责任互助保险中纯农田作业机具的保险费率最高，只有 0.43%，运输型、兼用型拖拉机的保险费率最高不超过 0.8%，大多在 0.6%左右，而商业保险公司的低速载货汽车的第三者责任险费率均在 1%以上。农户可根据实际需求任意选择险种和不同额度的保费。每年的互助保险资金结余除去风险基金外，返还给未出事故、下一年仍续保的农机手。在湖南省农机互助保险开展的第五年，由于湖南省农业机械安全协会内部原因以及湖南省农业机械互助保险高赔付率，根据湖南省农业机械安全协会发布的《关于停止办理会员参保业务的通知》[③] 文件

---

① 数据来源：江泰保险经纪股份有限公司国土农林风险部，《农机安全互助保险十年——2017 年统计分析》。

② 资料来源：湖北省农业农村厅，解读《省人民政府办公厅关于加快推进农业机械化和农机装备产业转型升级的实施意见》。

③ 资料来源：湖南省农业机械安全协会，《湖南省农业机械安全协会关于停止办理会员参保业务的通知》。

精神要求，湖南省于 2018 年 6 月 1 日起统一停止办理农机互助保险业务；在 2018 年 5 月 31 日前已经办理好农机互助保险手续的，仍按原工作方案进行，所交保费在一年内有效。

据资料统计，2017 年湖南省农业机械安全协会发展会员 42 609 名。其中，拖拉机会员 30 334 名，占比 71.19%；收割机会员 9 094 名，占比 21.34%；其他农机会员 3 181 名，占比 7.47%。互助会费 13 341 146.3 元[①]。

（四）河南省

2015 年 3 月 6 日，河南省驻马店市平舆县实现了农机互助保险首单投保，驻马店市农机互助保险试点开始。河南省驻马店市试点地区农机互助保险开办了基础的机身损失险、机上人员责任险和第三者责任险（表 6-1）。

2017 年驻马店市农业机械化协会发展会员 5 108 名。其中，拖拉机会员 2 561 名，占比 50.14%；收割机会员 2 547 名（其中联合收割机 1 188 名，履带式收割机 1 359 名），占比 49.86%。互助会费 1 726 890 元[②]。

作为农业大省、农机保有量大省的河南，全省层面统筹开展农机互助保险势在必行。河南省农业机械互助保险协会先后开展农机互助保险工作座谈会、农机互助保险产品服务升级研讨会暨河南省试点启动工作会等工作，为农机互助保险在河南省的正式开展准备。2018 年 3 月 8 日，三门峡各县农机互助保险服务站正式挂牌成立，农机服务以三门峡、新乡等市、县为起点，在全省范围内即将展开。2018 年 3 月 5 日，河南省农业机械化协会互助保险服务站——新乡站正式挂牌成立。新乡县站的成立意味着河南省农机互助保险正式运行，一项惠农的农业服务新模式将在全省开展。2018 年 4 月 11 日，河南省杞县互助保险服务站揭牌成立。

表 6-1　四省农机互助保险险种

试点地区	险种范围
陕西省	基本互助保险：农机损失互助保险、驾驶人意外伤害互助保险。 附加互助保险：第三者责任险、收割（获）机辅助作业人员责任互助保险、驾驶人意外伤害医疗互助保险。 特约互助保险：收割（获）机自燃损失特约互助保险、玻璃单独破碎特约互助保险、农具或拖车损失特约互助保险、维修保养作业意外伤害与医疗特约互助保险。

---

① 数据来源：江泰保险经纪股份有限公司国土农林风险部，《农机安全互助保险十年——2017 年统计分析》。

② 数据来源：江泰保险经纪股份有限公司国土农林风险部，《农机安全互助保险十年——2017 年统计分析》。

（续）

试点地区	险种范围
湖北省	拖拉机、收割机、其他农机机身损失互助保险、驾驶操作人意外伤害互助保险。
湖南省	农机及配套机具财产损失险、机上驾驶及操作人员伤害责任险、第三者责任险、其他安全互助保险。
河南省	农机机身损失互助保险、机上人员责任互助保险、第三者责任互助保险等。

资料来源：根据各省、市农业机械安全协会官网相关政策文件及公开资料整理所得。

（五）农机互助保险跨区作业情况

2010 年农机互助保险突破各自的省内界限，开展"三夏三秋"农机跨区作业省际对接服务，2015 年，由江泰保险经纪股份有限公司与自愿加盟的农机互助保险组织以及相关公益性联席协调组织在湖北省成立农机互助保险跨区作业服务联盟。农机互助保险跨区作业服务联盟通过互保省、市的互联互通，使互助保险服务以最低的成本、最快的速度为跨区作业会员提供事故救援、损失补偿、纠纷调解等零距离跟踪服务，力推农机互助保险省际协作、互助会员间资源互补、农机事故标准互认、农机保险管理办法互通，切实为参加互助保险的农户解决问题，着力提高理赔时效性和精准性，在最短时间内以最简便的手续为会员快速理赔，使其尽快恢复生产。2018 年 4 月，为了推动农机跨区作业，做好互助保险服务，由中国农业机械化协会、陕西省农业机械安全协会发起，湖北、湖南、河南、山西、宁夏等省份响应，同中国农业机械化协会联合开展农机手跨区作业劳动竞赛，倡导优质、高效、安全的跨区作业理念，弘扬健康、文明的生产方式。农机跨区作业工作方式，不仅加强了农机手之间的联系，宣传了区域作业的优势，更有效地宣传了农机互助保险这一互助性保险在区域的传播。

第三节　陕西省农机互助保险参保与赔付情况

本节将以陕西省为例研究农机互助保险理赔效果，探究互助保险是否能够切实减轻农机事故给农户造成的经济负担，通过陕西省农机互助保险参保情况、农机互助保险赔付效果的对比分析，力图为其他地区提供参考，从而为提高农机互助保险财政资金的使用效率、增进农民福祉、保障农机化快速稳定发展，最终促进农村经济的健康发展提出相关建议。

一、陕西省农机互助保险参保情况

2017 年,陕西省实施农机互助保险的 80 个区(县)共发展互助会员 28 130名,其中拖拉机会员 15 606 名,收割机会员 9 845 名,微耕机会员 2 679 名。2018 年,陕西省实施农机互助保险的 80 个区(县)共发展互助会员 22 676 名,其中拖拉机会员 13 610 名,收割机会员 8 778 名,微耕机会员 288 名。2016—2018 年陕西省农机互助保险发展会员数量变化具体情况如表 6-2 所示。

表 6-2　2016—2018 年陕西省农机互助保险发展会员数量

保险类别	2016 年会员数量(名)	2017 年		2018 年	
		会员数量(名)	较上年变动率(%)	会员数量(名)	较上年变动率(%)
拖拉机险	17 698	15 606	−11.82	13 610	−12.79
收割机险	11 039	9 845	−10.82	8 778	−10.84
微耕机险	8 203	2 679	−67.34	288	−8.93
合计	36 940	28 130	−23.85	22 676	−19.39

数据来源:根据陕西省农业机械安全协会《2017 和 2018 年度互助保险工作总结》整理所得。

二、陕西省农机互助保险事故与理赔情况

2017 年陕西省农业机械互助保险协会共受理发生的农机互助保险案件 2 949 起,受伤 409 人,死亡 25 人。其中,拖拉机 794 起,收割机 2 146 起,其他农机 9 起;省内 1 834 起,省外 1 115 起,省外主要分布在甘肃、河南、宁夏、青海、四川、河北、山东、内蒙古等省份。可见农机事故造成人员伤亡的概率之高,农机事故的影响之大,农机互助保险在一定程度上为农户转移了部分作业风险。截至 2017 年年底,筹集互助会费与 2016 年相比下降 9.20%,已处理补偿案件 2 260 起,结案率 93.05%;补偿 2016 年未决案件 167 起,合计补偿资金达 847.48 万元。2017 年农机互助保险收入合计 1 518.95 万元,总赔付支出 847.48 万元,事故赔付率由 2016 年的 50.02% 上升到 55.79%(表6-3),总体保持平稳[①]。

表 6-3　2016—2018 年陕西省农机互助保险收支情况纵览

	2016 年	2017 年	2018 年	合计
会费收入(万元)	1 280.40	1 162.57	1 208.81	3 651.78
财政补贴(万元)	459.38	356.39	406.61	1 222.37

① 数据来源:陕西省农业机械安全协会,《2017 年度农机互助保险工作总结》。

（续）

	2016 年	2017 年	2018 年	合计
收入合计（万元）	1 739.78	1 518.95	1 615.42	4 874.15
赔付合计（万元）	870.29	847.48	861.94	2 579.70
赔付率（%）	50.02	55.79	53.36	52.93

数据来源：根据陕西省农业机械安全协会《2016—2018 年保费收入等数据》整理所得。

2018 年陕西省农业机械互助保险协会受理农机互助保险案件 3 020 起，出险率为 13.32%，拖拉机案件 686 起，收割机案件 2 332 起，其他农机案件 2 起，受伤 320 人，死亡 21 人。截至 2018 年年底，已补偿 2 760 起，结案率 91.39%。补偿 2017 年未决案件 131 起。补偿支出 861.94 万元。2018 年农机互助保险总保费收入 1 615.42 万元，与 2017 年相比增长了 6.35%。总赔付支出 861.94 万元，事故赔付率由 2017 年的 55.79%下降到 53.36%，下降了 2.43 个百分点[①]。

据表 6-4 统计，陕西省 2012—2018 年农机总参保量 20.821 万台，累计发生事故 14 898 起，其中拖拉机事故 3 040 起，收割机事故 8 730 起。平均每万台农机发生事故 802.97 起，受伤 131.39 人，死亡 9.86 人。

表 6-4 2012—2018 年陕西省农机互助保险万台农机事故发生情况

年份	参保量（万台）	总事故（起）	死亡（人）	受伤（人）	万台农机事故发生情况		
					数量（起）	受伤（人）	死亡（人）
2012	1.913 8	889	20	227	464.52	118.61	10.45
2013	2.497 9	1 418	28	304	567.68	121.7	11.21
2014	3.514 7	1 928	26	394	548.55	112.1	7.68
2015	4.101 5	2 099	44	429	511.76	104.6	11.22
2016	3.711 8	2 494	19	391	671.91	105.34	5.12
2017	2.813 7	2 942	25	352	1 045.6	125.1	8.89
2018	2.267 6	3 128	21	352	1 375.43	155.23	9.26
合计	20.821	14 898	183	2 449	802.97	131.99	9.86

数据来源：根据陕西省农业机械安全协会《2017—2018 年互助保险工作总结》及《2016—2018 年陕西农机安全互助保险事故统计表》整理所得。

分析保险赔付是否能减轻农户经济负担，需要结合微观层面分析农机事故给农户造成的经济负担与农机事故类型的相关度。2016—2018 年陕西省农机互助保险的事故类型来自 3 个方面：第一，农机手违规驾驶操作或者农机停放不当等问题；第二，农机本身的故障问题；第三，天气、环境等自然因素造成

---

① 数据来源：陕西省农业机械安全协会，《2016—2018 年陕西农机安全互助保险事故统计表》。

的损失。由表 6-5 可知，农机手的违规操作是农机互助保险赔付的主要事故类型。针对以上农机互助保险事故分析，各县域农机互助保险管理委员会可加强本区域农机手的驾驶培训，提高驾驶作业水平，规范农机手驾驶工作流程，有效减少违规操作事故的发生。

表 6-5　2016—2018 年陕西省农机互助保险事故发生类型及占比

事故类型	2016 年		2017 年		2018 年	
	事故（起）	占比（%）	事故（起）	占比（%）	事故（起）	占比（%）
违法驾驶	294	14.98	260	11.08	340	14.49
违规操作	1 175	59.86	1 134	48.34	1 467	62.53
违规停放	21	1.07	14	0.60	11	0.47
他人因素	36	1.83	91	3.88	30	1.28
产品质量	30	1.53	54	2.30	16	0.68
机械故障	76	3.87	104	4.43	66	2.81
环境因素	215	10.95	541	23.06	308	13.13
失火	8	0.41	4	0.17	3	0.13
其他原因	108	5.50	144	6.14	105	4.48
合计	1 963	100	2 346	100	2 346	100

数据来源：根据陕西省农业机械安全协会《2016—2018 年陕西农机安全互助保险事故统计表》整理所得。

三、农机互助保险财政补贴情况

中共中央、国务院印发的《乡村振兴战略规划（2018—2022 年）》第四篇第十一章中的第三节明确提出"提升农业装备和信息化水平"，原文提到"推进我国农机装备和农业机械化转型升级，加快高端农机装备和丘陵山区、果菜茶生产、畜禽水产养殖等农机装备的生产研发、推广应用，提升渔业船舶装备水平。促进农机农艺融合，积极推进作物品种、栽培技术和机械装备集成配套，加快主要作物生产全程机械化，提高农机装备智能化水平。"

《乡村振兴战略规划（2018—2022 年）》中强调，建立健全我国农业投入可持续增长机制，多年来我国政府固定资产投资持续向农业倾斜，投入结构不断优化，实施一批打基础、管长远、影响全局的重大工程，加快改变农业基础设施薄弱状况。建立以绿色生态为导向的农业补贴制度，农业补贴政策的指向性和精准性不断提高。中央政府完善农机购置补贴政策，鼓励对绿

中国农机保险实践与探索

色农业发展机具、高性能机具以及保证粮食等主要农产品生产机具实行敞开补贴。

农机互助保险特点是保费较低，最低 50 元，最高的几百块钱，就能享受十几万的保障。根据《农业法》、中央 1 号文件关于"鼓励在农村发展互助合作保险"的指示精神，陕西省自 2012 年开展农机互助保险，出台引导农民参加互助保险的政策，如收割机全年保费 1 000 元，可享受 20 多万元的保障，农民自己支付 600 元、政府补贴 400 元。拖拉机互助保险会费 500 元，其中政府补贴 200 元，财政给予 40% 的保费补贴，用于鼓励引导农民互助互保。具体办法是：财政补贴的资金单独记账，封闭运作，不提取费用，不计会员权益积分，专门用于农机事故的损失补偿，结余累积继续使用。2018 年陕西省农机互助保险获得农业农村部金融支农创新试点项目支持。"陕西省联合收割机安全互助保险创新项目"的实施，大幅提高了驾驶人和第三者意外身故补偿限额，切实为农户减负。例如，"联合收割机安全互助组合险"保费为 1 500 元，农机手自交 800 元，保障额度共 54 万元。具体保障内容为：联合收割机机身损失最高补偿 4 万元，驾驶人和辅助作业人员（各 1 人）伤亡每人最高补偿 10 万元，第三者意外伤害最高补偿 30 万元。项目实施时间为 2018 年 8 月至 2019 年 12 月，其间完成承保 12 500 台联合收割机的任务，中央资金补贴 465 万元，为农机手安全生产提供风险保障 67.66 亿元，受益农户 12 500 户 *。

表 6-6　2016—2018 年陕西省农机互助保险保费结余及准备金统计

项目	2016 年	2017 年	2018 年	合计
上一年结余（万元）	33.90	225.61	376.07	635.58
当年可支配金额（万元）	1 777.34	1 896.12	1 798.95	5 472.41
工作和服务经费（万元）	545.34	552.78	615.03	1 713.15
未决赔款准备金（万元）	168.71	198.08	208.56	575.35
未到期责任准备金（万元）	113.62			113.62
总准备金（万元）			120.88	120.88
会员权益积分（分）	85.82	77.56	63.76	227.14

数据来源：根据陕西省农业机械安全协会《2016—2018 年陕西农机安全互助保险事故统计表》整理所得。

2016—2018 年陕西省农机互助保险总体赔付情况保持在一个平稳水平，

* 资料来源：陕西农机互助保险服务网。

存在小幅波动；财政补贴均保持在 300 万～400 万元，切实为农机互助保险减负。如表 6-6 所示，2017 年、2018 年陕西省农机互助保险全年收支结余分别为 225.61 万元、376.07 万元，较 2016 年 33.90 万元的年度结余有较大提升。2018 年陕西省农机互助保险初次计提总准备金 120.88 万元，总准备金的计提将为农机互助保险下一步的发展做好基础性的理赔风险防范。

第四节　本章小结

本章主要分析了法国、日本农业互助保险的发展历程和组织形式，从这两国的农业互助保险模式出发，分析国外成熟的互助保险机制的成功经验。我国农机互助合作保险相对于国外的模式还存在一定差距，需要建设完整的组织体框架，完善再保险和巨灾风险基金保障制度，对农机互助保险给予一定比例的保费补贴，多方面推进农机互助保险的发展。

同时，本章通过对陕西省农机互助保险参保与赔付情况的统计数据进行分析，探究陕西省 2017—2018 年农机互助保险的赔付情况。2017—2018 年陕西省农机互助保险总体赔付情况保持在一个平稳水平，略有波动。2017 年、2018 年陕西省农机互助保险全年收支结余分别为 225.61 万元、376.07 万元，较 2016 年 33.90 万的年度结余有较大提升。财政补贴均保持在 300 万～400万元，切实为农机互助保险减负。2018 年，陕西省农机互助保险初次计提总准备金 120.88 万元，总准备金的计提将为农机互助保险下一步的发展做好基础性的理赔风险防范。

从以上数据分析，陕西省农机互助保险的参保人数逐年下降，赔付情况基本保持平稳，未来需要长期重视农机保险的宣传，发挥互助保险的共济特色，认真履行赔付责任，农机互助保险将有待进一步发展。

第七章
农机保险理赔效果评价

本章以江苏省为例研究农机保险理赔效果，探究其是否能够切实减轻农机事故给农户造成的经济负担，通过不同地区、不同政策背景下农机保险赔付效果的对比分析，提出政策建议，力图为其他地区提供参考，促进我国农机保险政策更好地贯彻落实，从而提高财政资金的使用效益、增进农民福祉、保障农机化快速稳定发展，最终促进农村经济的健康发展。

第一节　江苏省农机保险理赔情况

2017 年农机保险总保费收入 6 344.27 万元，总赔付支出 2 525.90 万元，事故赔付率由 2016 年的 21.69% 上升到 36.09%，提高了 14.40 个百分点，农机事故率以及事故赔付率居高不下，农机保险的重要性不言而喻。随着农机价值的提升、各类物价的上涨以及农机事故率的增加，农机事故赔付率、赔付额将呈增长趋势。从各市农机事故理赔情况来看（图 7-1），盐城市农机事故量最大，2017 年发生 857 起农机事故，共赔付 515.3 万元，平均

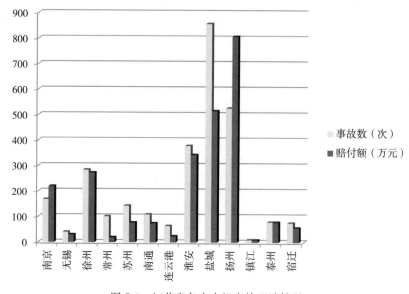

图 7-1　江苏省各市农机事故理赔情况

每起事故赔付额 0.60 万元；扬州市农机赔付额最多，2017 年发生 526 起，赔付 807.0 万元，平均每起事故赔付额 1.53 万元[①]。可见农机事故造成的经济负担之重。农机事故不仅会给农户带来沉重的经济负担，还有可能造成人员伤亡。据统计，2017 年江苏省共发生 2 835 起农机事故，共造成 24 人死亡、636 人受伤，死亡率达 0.85%，受伤率高达 22.43%，可见农机事故造成人员伤亡的概率之高，农机事故的影响之大。本章对江苏省发生农机事故并获得理赔的农户进行实地调研，探究农机事故原因，分析研究影响农机事故发生的主要因素。

第二节 农机事故与农机保险的描述性分析

一、问卷设计及数据来源

在对现有农机事故、农机保险理赔以及农户的满意度评价的参考文献进行研究后发现，影响农户满意度的因素主要包括以下 5 个方面：农户个人基本特征、农户家庭基本经济特征、农机事故、农机保险理赔和农户的风险规避意识。在结合农机以及农机保险相关特性的基础上，将调查问卷分为以下 5 个部分：第一，农户个人信息以及家庭基本情况，主要包括年龄、受教育程度、家庭人口总数、家庭年纯收入、耕地规模等；第二，农户持有农机及农机作业的相关情况，主要包括农户持有农机数量、农机驾龄、是否提供对外作业服务及农机作业收入等；第三，农机事故和保险理赔，主要包括农机事故伤亡情况、事故发生原因和地点、事故赔付额、收到赔款时间等；第四，农户的风险规避意识，主要包括农户是否参加农机技能培训、作业前是否检查、农机是否定时维修、作业时是否谨慎驾驶以及下一年是否愿意继续购买农机保险等；第五，农户对农机保险的满意度，主要包括农户自缴费用的满意度、保险险种与事故匹配程度的满意度、保险公司查勘定损的流程或速度、理赔递交证明材料的复杂程度、保险公司支付赔款速度以及保险条款理解情况满意度。本节根据李克特量表[②]打分法，将问卷中满意度分为特别满意、较为满意、一般、较为不满意、特别不满意 5 类，以 1～5 个分值衡量农户对农机保险评价的满意度，得分越高说明农户对农机保险理赔效果的满意度越高。

---

① 数据来源：根据江苏省农业机械管理局和农业机械化研究所整理、计算所得。

② 李克特量表（Likert scale）是属评分加总式量表最常用的一种，属同一概念的这些项目是用加总方式来计分，单独或个别项目是无意义的，由美国社会心理学家李克特于 1932 年在原有的总加量表基础上改进而成。

本节利用农户调研数据和中观层面数据，分析研究农机事故原因和农机保险的实施效果，并根据保险理赔的实际赔付额和比例，探究不同情况下的农机事故给农户造成的经济负担，并分析农机保险赔付是否能够减轻经济负担。

本部分所使用的中观层面数据来源：主要是根据中国农业机械化信息网、江苏省农业机械管理局、农业机械化研究所整理所得；微观数据来源：2018年6月于镇江句容市开展了预调查，7～8月对江苏省3个试点地区农户进行入户调查，初步了解农户和农机保险实施情况后，召开了两次座谈会，并在咨询专家的基础上，对江苏省发生农机事故并获得保险理赔的农户进行专门的问卷调研，剔除关键变量缺失的15份问卷，最终得到328份有效问卷。调查内容主要涉及4个方面：①农户个人信息以及家庭基本情况；②农户持有农机及农机作业的相关情况；③农户对保险赔付的满意度；④农机事故理赔情况。

二、农机事故基本情况描述性分析

根据问卷数据统计分析可知，328户受访农户共拥有农机753台，其中拖拉机343台、联合收割机260台、其他动力机械150台，平均每户持有农机2台以上。从事故发生原因来看，因农机手操作不当造成事故的占72.01%，因驾驶或操作技术不好、作业环境恶劣、行人不遵守交通规则而导致农机事故情况占23.91%（表7-1）。在发生事故的农机中，自动挡占34.76%，手动挡占65.24%。由此可初步推断，农机手操作技术的熟练度程度对农机事故的发生有显著影响，而作业环境的良好程度、道路的路况和行人不遵守交通规则等客观因素也与农机事故的发生密切相关。

表7-1　样本地区农机事故发生原因及占比

农机事故发生原因	占比（%）
违法载人	0.29
自燃等燃烧	0.87
农机质量问题	1.46
其他	1.46
驾驶或操作技术不好	7.00
作业环境恶劣	8.16
行人不遵守交通规则	8.75
操作不当	72.01

从事故发生的时间来看，在调查的 328 起农机事故中，4～7 月发生农机事故数占样本事故总数的 73.17%（表 7-2）。这 4 个月正是抢种抢收的农忙时节，这期间天气多阴雨、闷热，加重了农机作业环境的恶劣程度，使农机手的作业难度显著提高。农忙季节农机作业量剧增，不仅会增加农机手的疲劳程度，还会加剧农机的消耗和磨损，加大农机使用风险，导致农忙季节的农机事故发生率显著增加，农机事故呈现季节性特征。

表 7-2 样本地区农机事故发生时间及占比

事故发生月份	占比（%）
1	6.40
4	13.11
5	19.51
6	31.10
7	9.45
10	1.83
11	5.18
其他月份	13.41

从伤亡情况来看，328 起农机事故类型中驾驶员受伤占 4.60%，机上人员受伤占 4.02%，田间或路上其他人员受伤占 12.36%，事故造成机器损毁的概率为 76.72%（表 7-3）。由此可见，农机事故在多数情况下会造成机器受损，但造成人员死亡和受伤的概率也不容忽视。一旦发生人员伤亡将会给农户家庭造成巨大的经济负担，事故双方家庭都可能因此而"一夜返贫"，甚至有可能造成农村社会的不稳定，并打击农机生产经营者的生产积极性，从而阻碍农村经济的发展。

表 7-3 样本地区农机事故类型及占比

农机事故类型	占比（%）
机上人员死亡	0.57
田间或路上其他人员死亡	1.72
机上人员受伤	4.02
驾驶员受伤	4.60
田间或路上其他人员受伤	12.36
机器损毁	76.72

综上所述，农机事故发生与否主要受农机手操作技术熟练程度的影响，同

时也与农业生产季节性、农机作业环境、交通情况等客观因素有关，并且农机事故发生存在季节性特征，事故和保险理赔过于集中，加重了事态向更不利的局面发展。农机事故频发不仅严重影响了农户的生命和财产安全，更影响了农业生产和农村经济的有序发展，为了分散农机风险、缓解农机事故给农户造成的经济负担，发展和落实农机保险政策刻不容缓。

第三节　农机保险理赔效果

本节研究事故损失对农户造成的经济负担程度，并分析其影响因素。农机事故经济负担程度通过农户自付比例和自付额占家庭人均年纯收入比例两项指标来衡量，计算公式如下：

$$自付比例 = \frac{农户自付额}{事故经济损失总额} \times 100\% \qquad (7\text{-}1)$$

$$自付额占家庭收入比例 = \frac{农户自付额}{家庭人均年纯收入} \times 100\% \qquad (7\text{-}2)$$

一、不同地区的赔付效果

（一）农户自付比例

自付比例这一指标是指除保险支付的赔偿款外，仍需农户额外自付的赔偿款占事故经济损失总额的比重，该指标直观准确地反映了保险理赔的效果，该指标越大，事故中保险公司对农户经济的保障程度越低，农机事故对农户造成的经济负担越大，农机保险缓解农户经济负担效果越差。由农户自付额均值可以看出，苏南、苏中、苏北3个地区差距较小，但从总赔付额均值可以看出这3个地区平均每起事故总损失额存在显著差异，苏中地区平均每起事故总损失额超过2万元，苏南、苏北地区仅在1万元左右（表7-4）。受地形气候等因素的影响，各地区农作物和农机种类存在显著差异，农机作用、价值及农机保险理赔均有所不同，从而导致每起农机事故经济损失相差较大，农机的种类会直接影响农户对农机保险的需求以及保险公司的承保比例和赔付效果。由农户自付额占事故经济损失总额的比值可以看出，苏南地区比例最高为27.7%，而苏中、苏北地区农户自付额占事故经济损失总额的比值分别为14.5%、23.9%，全省农户自付额占事故经济损失总额的比值不超过30%，可见江苏省农机保险的保障程度较高，实施效果良好，能够很好地减轻农机事故给农户造成的经济负担。江苏省于2016年开展农机综合险的部分试点，于2017年在

全省进行推广，政府规定各地区保费补贴不低于50%，其中省财政规定给予
苏北、苏中、苏南的农机保险保费补贴分别为50%、30%、20%，剩余部分
由各级政府根据当地农机保险实施的情况承担，各地区保险业务开展情况相差
较大，可能是影响农机保险赔付效果的因素。就农户自付比例来看，苏南地区
农户自己承担的赔偿金额占比最高，这意味着保险公司承担的赔付比例越低，
对农户家庭经济负担的减轻程度越低，农机保险政策实施效果越不明显，可见
苏南地区农机保险实施效果相对较差。上述3个地区中，苏南地区获得省财政补
贴最低，可见财政补贴能够很好地促进农机保险的发展，因此政府应该加大财
政补贴力度以促进农机保险政策的落实。由表7-4可知，苏中地区平均每起事故
保险公司将赔付17 869.04元，苏北地区平均每起农机事故保险公司仅需支付
6 775.31元赔偿金，可见苏中地区保险公司开展农机保险业务面临的风险、承保
压力相对较大，由于各保险公司资产、经营规模以及保险理赔业务等方面均存
在显著差异，导致各保险公司的保障力度也有所不同，因此本节将探讨保险公
司的赔付力度和赔偿速度是否是影响农机事故给农户造成的经济负担的因素。

表7-4　样本地区事故经济损失金额均值（元）

地区	农户自付额均值	保险公司赔付额均值	总赔付额均值	家庭人均年纯收入均值
苏南	2 953.05	7 717.74	10 670.79	42 057.52
苏中	3 020.75	17 869.04	20 889.80	31 251.57
苏北	2 132.23	6 775.31	8 907.54	23 557.35

（二）自付额占家庭收入比例

自付额占家庭收入比例是指事故中除保险赔偿外仍需自己赔偿支出的金额
占家庭人均年纯收入的比重，比重越大说明保险效果越差，对家庭造成的经济
负担较重。当事故的赔付额由保险公司全额支付，无须农户个人再额外支付
时，该指标值为0。

由总赔付额均指可以看出，各地区每起农机事故赔付额均值存在显著差
异，但江苏省农机保险遵循低保费低保障原则，因此农机事故赔付超过保险保
障范围，则需农户承担额外的赔款金额。由上述分析可知，各地区平均每起农
机事故造成的经济损失和农户自付比例存在显著差异，苏南地区农户自付比例
均值为27.67%，比苏中地区高13.21个百分点，比苏北地区高3.73个百分
点，但由于苏南地区家庭人均年纯收入较高，甚至比苏北地区高了近一倍，导
致苏南地区自付额占家庭年纯收入比例较低，可见经济发展水平是影响农机事
故给农户造成的经济负担的因素（表7-5）。综合农户自付比例和自付额占家

庭收入比例两个指标可以看出，苏南地区农机事故给农户造成的经济负担相对较重，对农户家庭生活影响相对较大，其余地区农户自付额占家庭人均年纯收入的比重较低，江苏省农机保险很好地减轻农机事故给农户造成的经济负担，农机保险实施效果良好。上述几个地区农机事故给农户造成经济损失相差较大，一方面有可能是受保险公司的经营规模、资产状况和服务质量等因素的影响，造成其保险理赔效果存在差异；另一方面有可能是因为地区农业特点、农户家庭收入、保险认知、风险偏好以及农机事故类型等因素的影响，因此本节将从保险理赔和农机事故类型角度进一步探究农机保险赔付是否能减轻农机事故给农户造成的经济负担。

表 7-5　样本地区农户自付比例和自付额占家庭收入比例（%）

地区	自付比例均值	自付额占家庭收入比例均值
苏南	27.67	7.02
苏中	14.46	9.67
苏北	23.94	9.05

二、不同保险公司赔付效果

保险公司的实际规模、服务水平、查勘定损以及赔付证明文件规定等情况均会影响实际理赔效果。本节分析保险公司理赔效果，用实际赔付比例、支付赔款速度这两个指标来衡量，其中：

$$实际赔偿比例＝\frac{保险公司赔付额}{事故经济损失总额}\times100\%　　　（7-3）$$

（一）不同承保公司赔付比例

实际赔付比例的含义是指事故造成的经济损失中保险公司赔付额占事故经济损失总额的比例。该指标越大说明保险公司赔付比越大、农户自付赔款的占比越小，则说明保险公司对减轻农机事故对农户经济损失的力度越大。不同的保险公司，其资金和公司规模以及服务等均不同，从而有可能会造成保险查勘定损速度、挽回损失程度的不同，从而影响保险理赔减轻农户经济负担的效果。由保险公司赔付额均值可以看出，每发生一起农机事故，大地保险需支付26 647.33 元，中华联合财险仅需支付 3 801.59 元，各保险公司开展农机保险业务面临的经营风险差距较大，可能会影响保险公司开展农机保险业务的积极性，进而影响农机保险理赔效果。由表 7-6 可以看出，不同保险公司实际赔付比例存在显著差异，其中中国人保赔付力度最小，保险公司赔付的比例仅占

67.62%，意味着其余 32.38%需要由农户自己承担，中国人保赔偿比例在几个保险公司中最低，这样的赔偿比例并不能够很好地减轻农户的经济负担；而渤海财险实际赔付比例高达 100%，也就意味着农机事故造成的经济负担全由保险公司承担了，农户并不需要自己额外支出赔款，极大地减轻了农户的事故经济负担。

表 7-6　不同保险公司赔付额与支付赔款速度均值

保险公司	保险公司赔付额均值（元）	总赔付额均值（元）	实际赔付比例均值（%）	收到赔款天数均值（天）
紫金财险（紫金财产保险股份有限公司）	8 673.90	9 048.90	94.52	33.96
中国人保（中国人民保险集团股份有限公司）	5 101.76	8 773.73	67.62	23.59
人寿财险（中国人寿财产保险股份有限公司）	8 045.53	11 746.84	82.07	22.00
大地保险（中国大地财产保险股份有限公司）	26 647.33	26 914.00	99.69	10.60
渤海财险（渤海财产保险股份有限公司）	10 867.40	10 867.40	100.00	3.40
太平洋财险（中国太平洋财产保险股份有限公司）	15 638.61	17 387.74	95.27	27.30
天安财险（天安财产保险股份有限公司）	4 450.00	4 850.00	93.22	20.00
中华联合财险（中华联合财产保险股份有限公司）	3 801.59	6 073.48	73.51	30.93

（二）赔款速度

赔款速度由农户收到保险公司支付赔款的天数来反映，时间越长则代表保险公司支付赔款速度越慢，反之则越快。保险公司支付赔款速度越快，对事故双方家庭造成的影响就越小，也意味着该保险公司服务效率更高，更容易得到群众认可。由表 7-6 可以看出不同保险公司之间的支付赔款速度存在显著差异，其中中国人保支付赔款的速度相对较慢，渤海财险支付赔款的速度最快，也就意味着在发生农机事故时，从中国人保购买农机保险的农户获得相同金额的赔款相较于从其他保险公司购买农机保险的农户需要等待更长时间，这反映了中国人保挽回农户经济损失程度能力之低，渤海财险公司挽回农户经济损失程度能力之高，不同承保公司的保险赔付效果存在显著差异。为确保今后农机保险业务的顺利开展，稳定并扩大市场份额，提升农机保险业务效益，建议有关保险公司及时采取措施，提升赔款支付速度，改善服务水平，切实为减轻农民经济负担发挥一己之力。

三、不同事故类型的农机保险赔付

由上述分析可知，保险赔付能否减轻农户经济负担，从宏观层面来看会受地区经济以及农机保险实际发展情况影响；从中观层面来看会受保险公司的查勘定损、挽回损失能力以及服务质量等因素的影响；从微观层面来看农机事故给农户造成的经济负担与农机事故类型密切相关。由表 7-7 可以看出，不同农机事故类型造成的事故经济损失具有显著差异，农机事故造成人员死亡时，农户和保险公司损失额均最高，农户自付额超过 1 万元，保险公司赔付额超过 3 万元，但保险公司的实际赔付比例却不高，仅有 70.54%，也就意味着农户自己要承担近 30% 的赔偿，这将会给农户的日常生活造成较大的负担。造成人员受伤的事故类型，农户自付额均值在 5 000 元之上，保险公司赔付 2 万元以上，保险公司的实际赔付比例仅有 67.76%，尽管事故造成人员伤亡的频数不高，但保险公司赔付比例相对较低；农户额外需自付额占家庭人均年纯收入的 7.14%，可见农机事故造成人员受伤会给农户带来较大的经济负担。造成机器损毁的事故类型，农户自付额最少，但也高于 1 000 元，虽然机器损毁情况造成的经济损失最低，但机器损毁频率最高，这种高发性的事故类型将会影响农户日常生活。农机保险实际赔付比例存在差异，有可能是农机作业环境较为复杂导致其事故发生存在许多不确定因素，不利于保险公司查勘定损及理赔，但也可能是因为农机保险赔款条款和责任限额设定不合理，或是保险公司要求的理赔证明材料过于复杂、难以提供等因素造成的，因此本节接下来将对上述情况进行满意度的分析，从而探究造成农机保险赔付存在差异的影响因素。

表 7-7　农机事故类型、保险赔付额及赔付比例均值

事故类型	农户自付额均值（元）	保险公司赔付额均值（元）	总赔付额均值（元）	自付额占家庭人均年纯收入比例均值（%）	实际赔付比例均值（%）
人员受伤	5 614.72	19 511.26	25 125.98	7.14	67.76
人员死亡	10 025.00	30 449.88	40 474.88	26.02	70.54
机器损毁	1 400.76	5 398.03	6 798.78	2.60	85.93

注：剔除了既发生人员受伤又发生机器损毁和既发生人员死亡又发生机器损毁的样本。

由上述分析可知，就目前而言江苏省拖拉机交强险参保率较低，但拖拉机交强险是拖拉机挂牌入户的前提，较低的交强险参保率使得江苏省拖拉机"黑户"数量居高不下，导致拖拉机风险管理和检测难度显著增加，因此政府应加大拖拉机交强险的把控力度，以促进交强险的落实。江苏省农机保险能够很大程度上减轻农机事故给农户造成的经济负担，农机保险实施效果良好。但各地区农机保险实施存在显著差异，从财政补贴的角度可以看出，政府规定农机综合险保费补贴不低于50%，各级政府根据具体实施情况加以调整，各级政府对农机保险政策的重视程度不同，从而影响各地区农机保险的实施进度；从保险公司角度可以看出，农机事故的高发性、高赔付以及集中度较高等特性，将会提高保险公司开展农机保险的风险，从而降低保险公司开展农机保险的积极性。由调研数据可以看出，中国人保在保险的实际赔付以及支付赔款的速度上相对较弱，渤海财险的农机保险服务工作落实得最为到位，保险公司的理赔、查勘定损等工作将会直接影响农机保险的理赔效应，影响农机保险的实施效果；从农户的角度来说，农户作为农机保险的服务对象，农户对农机保险的满意度能够直观地反映保险理赔效果，因此本节接下来将探究农户对农机保险的满意度，并分析其影响因素，从微观主体的角度探究农机保险理赔是否能够减轻农机事故给农户造成的经济负担。

第四节　农户对农机保险理赔的满意度评价

本节将农户对农机保险的满意度分为农户对自缴保费的满意度和农户对农机保险理赔效果的满意度两大类，通过描述性分析探究农户对农机保险自缴保费以及农机保险理赔效果的满意度，进一步探究农机保险实施效果，并对农户农机保险理赔效果满意度进行影响因素分析。

一、农户对农机保险满意度的描述性分析

本节将农户对农机保险满意度的评价设置为农机保险保费支出、保险赔付对农户的补偿能力、事故查勘定损和赔案处理等方面的问题，包括农户对自己缴纳的保费金额的满意度、农户对保险赔付挽回损失的满意度、农机保险险种与事故伤亡损失匹配程度的满意度、农户对保险公司的查勘定损速度的满意度、农户对保险理赔证明材料复杂情况的满意度、农户对保险公司支付赔款速度的满意度和农户对保险理赔条款理解程度的满意度7项；问卷中将满意度分为1~5个等级，5分为特别满意，4分为较为满意，3分为一般，2分为较不满意，1分为特别不满意，得分越高则满意度越高。

（一）农户对自己缴纳的保费金额的满意度

在政府大力支持推广农机保险的背景下，江苏省各地区开展了共济保险保费补贴政策，政府规定各地区保费补贴不能低于50％，省财政给予苏南、苏中、苏北的补贴比例分别为50％、30％、20％，各市、县具体补贴比例由各地区政府因地制宜，按照实际情况进行补贴，因此各地区农机保险保费补贴力度存在差异，各地区农户自己缴纳的保费也不尽相同，本节就实地调研的农户探究农户对自己缴纳保费的满意程度，从而探究农机保险保费补贴政策的实施效果。由表7-8可见，农户对自己缴纳保费较为满意和特别满意的占85.06％，满意度一般的占12.50％，较不满意的和特别不满意的占比不到3％，农户对自缴保费金额满意度较高，说明财政补贴切实减轻了农户保费负担，使得农机保险得以大范围开展。

表7-8　农户对自己缴纳保费金额的满意度

项目	特别满意	较为满意	一般	较不满意	特别不满意
户数（户）	141	138	41	6	2
占比（％）	42.99	42.07	12.50	1.83	0.61

（二）农户对保险赔付挽回损失的满意度

农机保险旨在分散农机事故风险、保障农户生命和财产安全，因此探究农机保险是否能够挽回农户经济损失，能够很好地分析农机保险的实施效果，农户是农机保险的服务主体，农户对保险赔付挽回损失的满意度越高越能减轻农机事故给农户造成的经济负担，则农机保险实施效果越好。由调查可知，328户农户中，仅有4户对保险赔付挽回损失特别不满意，较不满意的仅占14.33％，超过50％的农户是满意的（表7-9），多数农户认为农机保险赔付能够在很大程度上挽回自己的事故经济损失，说明农机保险的实施效果较好，一定程度上为农户分担了经济压力，分散农机事故风险、保障农户生命和财产安全。

表7-9　农户对保险赔付挽回损失的满意度

项目	特别满意	较为满意	一般	较不满意	特别不满意
户数（户）	122	53	102	47	4
占比（％）	37.20	16.16	31.10	14.33	1.22

（三）农机保险险种与事故伤亡损失匹配程度的满意度

由表7-10可以看出，农户对农机保险险种与事故伤亡损失匹配程度较不满意和特别不满意的占 15.24％，84.75％的农户对农机保险险种与事故伤亡损失匹配程度的满意度评价在一般及较为满意和特别满意，农户对农机保险险种与事故伤亡损失匹配程度总体满意度较为满意。由于导致农机事故发生的影响因素较多，事故类型和责任界定较为复杂，如果事故损失与保险内容匹配度不高，将会导致较多的农机事故不能顺利的理赔，从而影响保障程度，因此提高农机保险险种与事故伤亡损失匹配程度是改进农机保险制度设计的一项重要内容。从调研情况来看，农户对保险险种和事故伤亡损失的匹配程度总体来说较为满意，说明农机保险险种和条款设计较为符合实际。

表 7-10　农机保险险种与事故伤亡损失匹配程度的满意度

项目	特别满意	较为满意	一般	较不满意	特别不满意
户数（户）	91	63	124	45	5
占比（％）	27.74	19.21	37.80	13.72	1.52

（四）农户对保险公司的查勘定损速度的满意度

保险公司的查勘定损速度将直接关系到后续的理赔流程，如果查勘定损速度较慢，将会延迟农户拿到保险赔款的时间，从而直接影响保险赔付挽回经济损失的能力，且在农机事故理赔中，农户最关心的就是何时能够受理案件、多久能够拿到赔款。保险公司查勘定损的速度是最直接影响农户对该保险公司服务乃至农机保险政策实施满意度的。由调查情况可知，328 户农户中对保险公司查勘定损速度较不满意的占 16.77％，3.66％的农户对保险公司查勘定损速度特别不满意；一半以上的农户对保险公司查勘定损速度满意度在较为满意及之上（表 7-11）。由此可见，农户对保险公司的查勘定损速度满意度相对较高，说明保险公司在查勘定损服务方面目前做得比较到位。

表 7-11　农户对保险公司查勘定损速度的满意度

项目	特别满意	较为满意	一般	较不满意	特别不满意
户数（户）	113	64	84	55	12
占比（％）	34.45	19.51	25.61	16.77	3.66

（五）农户对保险理赔证明材料复杂情况的满意度

保险公司要求的理赔证明材料复杂程度和保险条款的表达等也会影响保险理赔效果，如保险条款不能被农户通俗易懂地理解，将会在理赔过程中出现农户认为可以理赔但是保险公司不予受理的情况时激发矛盾。同理，保险理赔证明材料过于复杂，也会激发群众抵触情绪，影响农户续保意愿和新农户投保意愿。由调查情况可知，对保险理赔材料复杂程度特别不满意的农户仅有 9 户，但特别满意的仅占 25.61%，大多数农户认为农机保险理赔证明材料相对复杂，满意度一般的占 28.05%，农户对于保险理赔证明材料满意度较前几项满意度要低，就调查情况而言，保险公司亟待改进提升服务水平，以提高农户对保险理赔的满意度，从而提高农户的参保意愿（表 7-12）。

表 7-12　农户对保险理赔证明材料复杂情况的满意度

项目	特别满意	较为满意	一般	较不满意	特别不满意
户数（户）	84	76	92	67	9
占比（%）	25.61	23.17	28.05	20.43	2.74

（六）农户对保险公司支付赔款速度的满意度

农户在发生农机事故，在保险公司查勘定损之后，收到保险赔付速度越快，农户的经济损失相对较低，由调查情况可以看出，328 户农户中对保险公司支付赔款速度较为满意及特别满意的占比超过 50%，满意度一般的占 25.00%，可以看出农户对保险公司支付赔款速度的满意度比农户对保险理赔证明材料复杂情况的满意度高，可见保险公司在支付赔款方面服务较好，但理赔证明材料的复杂程度较高，将会影响保险公司理赔工作的后续流程，同时也可能会影响农户参加农机保险的积极性以及农户对保险公司的信任，从而降低农户的参保意愿（表 7-13）。

表 7-13　农户对保险公司支付赔款速度的满意度

项目	特别满意	较为满意	一般	较不满意	特别不满意
户数（户）	107	69	82	59	11
占比（%）	32.62	21.04	25.00	17.99	3.35

（七）农户对保险理赔条款理解程度的满意度

不同保险公司之间在减轻农机事故经济负担方面存在显著差异，由于保险公司的规模、保险理赔服务、查勘定损速度以及理赔证明情况的不同，有可能会对其实际赔付效果产生不同的影响。由表 7-14 可以看出，农户对保险理赔条款理解程度以及理赔证明材料复杂程度的满意度相对较低，特别满意的仅占 6.71%。可能是由于保险赔款条款的专业化及复杂化程度较高不利于农户的理解与接受，这将有可能造成理赔纠纷等情况，不利于农机保险的发展及保险赔付的实施，也不利于减轻农机事故经济负担。因此，保险公司应该从农户的角度出发，设计通俗易懂使农户易于接受的保险赔款条款。

表 7-14　农户对保险理赔条款理解程度的满意度

项目	特别满意	较为满意	一般	较不满意	特别不满意
户数（户）	22	139	123	38	6
占比（%）	6.71	42.38	37.50	11.59	1.83

综上所述，农户对自己缴纳的农机保险保费满意度最高，可见政府的农机保险保费补贴工作落实的比较到位，农户对于保险理赔证明材料以及保险理赔条款理解满意度较低，这将有可能会造成事故赔付时的纠纷，不利于农机保险的实施，因此保险公司应该从农户角度出发，提供更加合适农户的保险服务，从而有助于进一步提高农机保险赔付挽回农户经济损失的能力，促进我国农业化进程，维护农村经济的平稳发展。

二、农户对农机保险理赔效果满意度的影响因素分析

（一）模型的建立与变量的选择

1. 变量的选择

（1）农机保险理赔满意度指标权重测算。本节在对江苏省发生农机事故并获得保险赔付农户进行调研的基础上，探究不同地区不同政策背景下农户对农机保险理赔效果的主观感受，以此来考量农机保险的实际运行效果，并对影响农户对农机保险理赔效果满意度的主要因素进行分析。本节将农户对农机保险理赔效果的满意度分为补偿力度、保险责任、定损速度、理赔材料、理赔速度、条款理解等 6 个细分指标（表 7-15），运用层次分析法对农机保险理赔效果满意度的细分指标进行两两对比，根据当地发生农机事故获得保险理赔的部分农户以及专家的建议，获得各指标的权重：农机保险赔付挽回事故造成经济损失的程度为 0.24，农机保险险种与事故伤亡损失匹配程度为 0.18，保险公司查勘定损的速度为 0.15，农户提交理赔材料的复杂程度为 0.14，保险公司支付赔款的速度为 0.15，农户对保险理赔条款的理解程度为 0.14（表 7-16）。

表 7-15　农户对农机保险理赔效果满意度的指标及定义

分类	指标	定义
补偿力度	补偿力度	农机保险赔付挽回事故造成经济损失的程度
查勘定损	保险责任	农机保险险种与事故伤亡损失匹配程度

（续）

分类	指标	定义
理赔评价 赔案处理	定损速度	保险公司查勘定损的速度
	理赔材料	农户提交理赔证明材料的复杂程度
	理赔速度	保险公司支付赔款的速度
	条款理解	农户对保险理赔条款理解程度

（2）农机保险理赔总体满意度计算。根据上述 6 个满意度细分指标的权重，计算出各指标的满意度得分，通过算数加权平均法获得农户对农机保险理赔效果总体满意度的数值，具体公式如下：

$$Y = \sum_{i=1}^{6} \alpha_i y_i \tag{7-4}$$

其中，Y 为农户对农机保险理赔效果总体满意度的数值；α_i 表示第 i 个农机保险理赔效果细分指标的权重，y_i 表示受访者对第 i 个农机保险理赔效果满意度指标的评价。

表 7-16　农户对农机保险理赔效果满意度计算结果

满意度指标	均值	指标权重	均值×指标权重
农机保险赔付挽回事故造成经济损失的程度	3.74	0.24	0.88
农机保险险种与事故伤亡损失匹配程度	3.58	0.18	0.66
保险公司查勘定损的速度	3.64	0.15	0.54
农户提交理赔证明材料的复杂程度	3.48	0.14	0.48
保险公司支付赔款的速度	3.62	0.15	0.54
农户对保险理赔条款的理解程度	3.41	0.14	0.47
总体满意度			3.59

由上述农户对农机保险理赔效果满意度可知，受访对象总体满意度的数值为 3.59，可将江苏省农机保险政策实施效果较好，能够在一定程度上缓解农机事故给农户造成的经济负担。由调查情况可知，农户对于保险理赔证明材料以及保险理赔条款理解满意度较低，如果保险条款不能被农户通俗易懂地理解，将会在理赔过程中出现农户认为可以理赔但是保险公司不予受理的情况时激发矛盾。同理，保险理赔证明材料过于复杂，也会激发群众抵触情绪，不仅会影响保险理赔效果，还会影响农户续保意愿和新农户投保意愿，因此保险公

司应该充分考虑农户的实际情况，设计更简洁易懂的保险条款。

2. 指标的选取 在满意度评价相关文献的基础上，本章将因变量 y 农户对农机保险理赔效果总体满意度分为 3 档，将问卷中的"特别不满意"和"较为不满意"划分为不满意，分值区间 $[1, 2]$，赋值为 0；"特别满意"和"较为满意"划分为满意，分值区间 $(3, 5]$，赋值为 2；满意度一般的划分为一般，分值区间 $(2, 3]$，赋值为 1。将影响农户对农机保险满意度的解释变量 x 分为以下 4 类：第一类是个人基本特征，包括农户年龄（x_1）、受教育程度（x_2）；第二类是家庭经营情况，包括农机对外服务面积（x_3）、农机作业专业化程度（x_4）、家庭年纯收入（x_5）；第三类是农机保险赔付情况，包括自付额占家庭收入比例（x_6）、农户自付比例（x_7）；第四类是风险规避情况，包括农机是否定时维修（x_8）、农机作业之前是否进行检查（x_9）、农户是否谨慎按规驾驶作业（x_{10}）、农户是否参加农机技能培训（x_{11}）（表 7-17）。

表 7-17 变量赋值及描述

变量类型	变量名称	变量定义及赋值	符号	均值	标准差
满意度	总体满意度评价	不满意＝0；一般＝1；满意＝2	Y	1.42	0.68
个人基本特征	农户年龄		x_1	47.61	10.07
	受教育程度	农户在学校接受过正规教育的年数	x_2	7.44	2.58
家庭经营情况	农机对外服务面积	农机对外服务面积，≤5 亩 *＝1； ＞5 亩，＜50 亩＝2； ≥50 亩，＜100 亩＝3； ≥100 亩，＜500 亩＝4； ≥500 亩＝5	x_3	3.56	1.53
	农机作业专业化程度	农机作业收入/家庭年纯收入	x_4	0.46	0.33
	家庭年纯收入	家庭年纯收入取对数	x_5	11.27	0.66
农机保险赔付情况	自付额占家庭收入比例	农户自付额/家庭人均年纯收入	x_6	0.19	0.74
	农户自付比例	农户自付额/事故经济损失总额	x_7	0.18	0.25
风险规避情况	农机是否定时维修	0＝否；1＝是	x_8	0.48	0.50
	农机作业之前是否进行检查	0＝否；1＝是	x_9	0.53	0.50
	农户是否谨慎按规驾驶作业	0＝否；1＝是	x_{10}	0.57	0.49
	农户是否参加农机技能培训	0＝否；1＝是	x_{11}	0.30	0.46

3. 模型的选取 本章将因变量 y 分为不满意＝0、一般＝1、满意＝2 共 3 个等级，P_t 是各事件发生的概率，$t＝0，1，2$。假设存在连续反应变量 y' 代表农户对农机保险理赔效果满意度的潜在态度，y' 和农机保险理赔效果的影响

---

* 亩为非法定计量单位，1 亩＝1/15 公顷。——编者注

因素 x_i（$i=1$，2，3，4……11）存在线性关系，即

$$y' = C + \sum_{i=1}^{11} \alpha_i x_i + \varepsilon \tag{7-5}$$

其中，ε 是随机误差项，C 是常数项。

当 y' 超过某临界值，农户对农机保险理赔效果的满意度便会发生变化，即：

$$\begin{aligned}
&若\ y' \leqslant \xi_0，则\ y'=0；\\
&若\ \xi_0 < y' \leqslant \xi_1，则\ y'=1；\\
&若\ \xi_1 < y' < \xi_2，则\ y'=2
\end{aligned} \tag{7-6}$$

本节采用的 logistic 回归模型的基本形式为：

$$\text{logit}P(y \leqslant t \mid x) = \ln\left[\frac{P(y \leqslant t \mid x)}{1 - P(y \leqslant t \mid x)}\right] = C_t - \sum_{i=1}^{11} \alpha_i x_i \tag{7-7}$$

其中 $t=0$，1，2；$i=1$，2，3，4…11。

（二）模型回归结果分析

本节使用 STATA 计量软件对影响农户农机保险理赔效果满意度评价的因素进行回归分析，考察农户个人基本特征、农户家庭基本特征、农机保险参保和理赔情况以及农户风险规避意识对农机保险满意度的影响。以下对模型估计结果进行分析：

表 7-18　模型回归结果

变量	系数	标准误	T	P 值
年龄	−0.034 2**	0.013 5	−2.54	0.011
受教育程度	−0.031 4	0.049 8	−0.63	0.527
对外服务面积	−0.028 9	0.095 8	−0.30	0.763
农机作业专业化程度	−1.117 6**	0.456 3	−2.45	0.014
家庭年纯收入	0.113 5	0.128 6	0.88	0.378
自付额占家庭收入比例	−0.420 2	0.712 3	−0.59	0.555
农户自付比例	−1.050 2**	0.505 7	−2.08	0.038
农机定时维修	0.638 1*	0.332 3	1.92	0.055
作业之前进行检查	0.550 2*	0.324 4	1.70	0.090
谨慎按规驾驶作业	0.580 0**	0.270 4	2.14	0.032
参加农机技能培训	0.433 1*	0.253 3	1.71	0.087
LR Chi^2（11）＝42.30		Prob > Chi^2＝0.000 0		
Pseudo R^2＝0.068 2		Log likelihood＝−288.941 4		

注：**、* 分别表示在 0.05、0.1 水平上差异显著。

影响农户农机保险理赔效果满意度评价的主要因素模型中，回归模型通过了显著性检验（Prob＞Chi² ＝0.000 0），根据表 7-18 可知回归结果具体情况如下：

1. 农户个人基本特征 农户年龄系数为负且在 0.05 水平下通过了显著性检验，假定其他变量不变，农户的年龄每增长 1%，对农机保险理赔效果的满意度将会减少 3.42%。农机事故发生时，保险赔款条例的专业化，导致保险理赔存在一定的难度，而农户购买农机保险旨在发生农机事故时获得保险赔付，农户年龄越大，思想越保守，对新鲜事物的接受程度以及对农机保险产品防范和转移农机风险作用的认知程度越低，加之其对保险的理解不够深刻，缺乏良好的沟通交流能力，使得保险公司对农机事故的查勘定损以及赔付的难度显著增加，造成农户和保险公司在事故定损及理赔方面存在一定的矛盾，进而影响农户对农机保险理赔效果的满意度。

2. 农户家庭基本特征 农机作业专业化程度系数为负且在 0.05 水平下通过了显著性检验，说明农机专业化程度越高，农户对农机保险满意度越低。农机专业化程度越高，说明该农户家庭收入来源相较于农机作业专业化程度低的家庭要单一，导致农户在家庭生产经营活动中农机使用程度较高，对农机的依赖程度也相对较高，农机保险对农户维持正常生产经营活动的重要性越高。频繁使用农机会加速农机的消耗和磨损，而农机损失险最高赔付额仅为 5 万元，且极少数情况下能获得最高赔付，相较于大中型农机自身价值和维修管理等费用，农机损失险的赔付额更是微乎其微，从而导致农机作业专业化程度越高的农户对农机保险理赔效果的满意度越低。此外农户为了增加农机作业收入，会提供对外服务，受地形等因素的影响会提高农机事故发生率，更有甚者部分农机手为了在农忙季节获得更多的收入，进行疲劳驾驶，导致农机事故的严重性显著增加，由于现行的农机保险遵循"低保额、低赔付"原则，在发生较为严重的农机事故时，保险公司仅能赔付一定额度，其余部分要由农户自身承担，从而导致农机事故给农户造成的经济负担则相对较重，因此农机作业专业化程度越高的农户对农机保险理赔效果的满意度越低。

3. 农机保险参保与理赔 自付比例是指农户自付额与事故经济损失总额的比值，该比值通过了 0.05 水平的显著性检验且系数为负，说明自付比例越高，农户对农机保险理赔效果的满意度越低；自付比例每增长 1%，农户对农机保险理赔效果的满意度降低 105.02%。农户购买农机保险的最终目的就是在农机事故发生时能够获得保险赔付，从而降低农机事故给农户造成的经济损失。农机事故发生时，农户自付额占事故经济损失总额的比例越高，说明农机保险对农户的保障程度越低，农户在购买农机保险时，获得的实惠和好处越少，农机保险不能够很好地转移农机事故风险，对缓解农机事故给农户造成的经济负担程度越低，从而降低了农户对农机保险的信任程度，所以在农机事故中农户自付比例越高，该农户对农机保险理赔效果的满意度越低。

4. 风险规避意识 农机是否定时维修、农机作业前是否进行检查、农户是否谨慎按规驾驶作业以及农户是否参加农机技能操作培训等风险规避措施均通过了显著性检验且系数为正，说明农户是否采取风险规避措施与农户对农机保险理赔效果的满意度存在一定的相关性。农户的风险规避意识越高，对农机保险重要性的认知水平越高，对农机保险产品作用、对保险理赔流程、查勘定损速度以及赔款支付速度等方面的理解相对透彻。在发生农机事故时，能够很好地理解保险公司的服务流程，易于沟通，可以避免保险公司在查勘定损时产生不必要的矛盾，有利于减轻保险理赔的复杂程度，促进保险公司开展理赔工作，因此农户的农机事故风险规避意识越强，对农机保险理赔效果的满意度越高。

第五节　本章小结

本章对微观调研数据进行分析，探究农户对自缴保费的满意度以及对农机保险理赔效果的满意度。由实证分析可知，农户年龄、农机作业专业化程度、农机事故中农户自付额占事故经济损失总额的比例、农机是否进行定时维修、农机作业前是否进行检查、农户是否谨慎按规驾驶作业以及农户是否参加农机技能培训等事故风险规避措施是影响农户对农机保险理赔效果满意度的主要因素。由调查情况可知，农户对自己缴纳农机保险保费满意度较高，说明江苏省农机保险保费补贴政策落实比较到位；对农机保险挽回农户经济损失的满意度较高，说明农机保险的实施能够在很大程度上缓解农户的经济负担；可能由于保险公司的专业性较强，导致农户对保险理赔证明材料和保险赔款条款的满意度较低，因此保险公司亟待改进提升服务水平，应该从农户的角度出发，研究更加适合农户的保险条款。

第八章

农机保险与农业生产行为

本章以江苏省为例，通过对江苏省农机保险试点地区的农机户进行实地调研，运用定量分析的方法对农机保险与农机户的农业生产行为进行实证分析，探究农机资产专用性与农机保险对农机户生产经营的影响，并依据实证回归结果提出相关政策建议。

第一节 研究方案设计

农机化是实现农业现代化的重要载体，是实现农业高质量发展和促进农民增收的有效途径。农机户开展家庭农地耕作或对外作业服务，通过优化配置现代农业生产要素，缓解家庭资源禀赋限制[25,26]，促进高效率的机耕模式对传统手工劳作模式的替代，推进农业现代化转型。农机户的生产经营活动依赖于农机，农机存在购置成本高、流动性低、兼容性低和通用性低的特点，是高度专用的实物资产，同时也是农机户生产经营成本的重要组成部分，并具有沉淀成本的特征。沉淀成本的高低决定了农户生产经营选择行为，理论上而言，农业生产结构调整与沉淀成本有关，资产专用性程度越高，沉淀成本越高，农业生产结构调整的可能性就越低；农户农业生产规模也与沉淀成本有关，沉淀成本越高，农户从事非农业生产活动的预期利润将会减少，因为在理性动机下农户会偏向从事农业生产经营活动，并更加倾向于扩大农业生产经营规模；农机户农业生产退出行为也与沉淀成本有关，沉淀成本越高，农机户从事非农业生产活动的预期净收益降低，退出激励就越小。因此，高度专用的农机实物资产可能会影响农机户的生产经营行为。

农机有高度的资产专用性特征，并且，不可避免的是，农机户在使用农机进行生产经营过程中也面临较大的风险。例如，由于操作不当、技术缺乏等原因可能会发生农机事故，导致机械损毁或人员伤亡，从而带来较高的经济损失。农业农村部办公厅对2018年上半年全国农机事故的通报指出，2018年上半年全国发生农机事故 1 121 起，造成 359 人死亡和 949 人受伤，并导致 648.31 万元的直接经济损失。农机事故致贫返贫概率高，对收入水平较低的农机户构成灾难性的冲击。农机保险是农机户规避农机事故经济风险的主要工具，2005 年以来，政府补贴型的政策性农机保险已在上海、江苏、陕西与北京等地相继推广实施。农机保险为农机户提供风险补偿，获得农机保险保障的农机户因预期经济风险得到规避，可能倾向于在农地转入、规模经营与对外作业服务等方面开展更为积极的生产经营活动。但由于我国农机保险当前仍处于探索阶段，存在保障额度低、保险条款尚需完善、保险险种覆盖不全面、各地实施方式不统一等现状，因此目前农机保险对农机户生产经营行为的影响也可能较弱。因此，对于依靠农机进行生产经营的农户来说，农机资产专用性特征是否对其生产经营行为产生影响，农机保险在其中是否发挥了经济补偿的作用，改善农户对经济风险的预期，从而影响农业生产经营行为，这是本章节拟进行实证检验的问题。

农机户由于资产专用性带来较高的沉淀成本，以及更高的风险规避需求，其农业生产经营必然不同于非农机户，研究农机户生产经营行为对我国推进农机化进程和实现未来农业高质量发展意义深远。《江苏省"十三五"农业机械化发展规划》要求江苏省 2020 年农机化水平达到 85%，粮食生产基本实现全程机械化。江苏省从 2015 年开始试点实施政策性农机综合险政策以来，取得了良好效果，目前参保农机达 136 867 台次。本节使用对江苏省 3 个县农机户生产经营行为的调查数据，探究农机资产专用性、风险规避对农机户生产经营行为的影响，需要回答的问题是：首先，农机资产专用性是否对农机户生产经营行为产生影响；其次，农机保险作为最主要的农机事故风险规避方式，在农机户生产经营中是否也会因预期经济风险得到规避而影响其生产经营行为。

资产专用性是指资产在不减少生产价值条件下被重新配置于备择用途并为其他使用者重新配置的程度[27]，主要包括实物资产专用性、人力资本专用性、地理位置专用性等方面[28,29]。在农业生产中，实物资产专用性主要包括耕地质量、农机化程度和农机总价值[30-32]。资产专用性体现农户对专用资产的依赖程度，资产专用性越强，表明生产经营对其依赖程度越强，沉淀成本相对越高，生产经营行为调整或退出的门槛也越高。例如，农户在农地流转和种植结构调整决策时，资产专用性程度增加会提高资产持有者退出难度，降低退出激励，从而抑制农地转出和种植结构调整[30,32]。相比非农机户，农机户的生产经营不仅呈现出农机化趋势下专业农户生产经营特征，并且也面临着更多的风险因素，采取适宜的风险规避措施可以保障农机户生产活动顺利开展。农机保险是农机户最主要的风险规避工具，已被纳入政策性农业保险范畴，当前政府补贴型农机保险模式已在上海、江苏、北京、河北等地相继试点推广，但农机保险覆盖率仍然较低，其需求受到家庭收入、受教育程度、保险认知程度等方面的影响[1,2,33]。政策性农机保险属于"绿箱"政策，具有正外部性，面临有效需求不足的矛盾[6]，当前主要通过各省、市财政补贴保费和地方农机管理部门动员并结合农机安全实地检验的形式进行推广。

本章研究农机户的主要生产经营行为包括农地转入和规模经营行为、对外农机作业服务行为和其他生产设施投入行为3个方面，并将资产专用性区分为狭义资产专用性和广义资产专用性两类进行实证分析。狭义资产专用性参照现有文献中关于农机资产专用性的界定，用家庭农机总价值表示[31,34]；广义资产专用性是指对外提供农机作业服务获得的收入在家庭收入中的比重，该指标也代表家庭对农机依赖的程度。家庭农机总价值越高，农户对农机的依赖程度相应提升，会有更强烈的动机转入更多的农地，发挥农机的价值，降低生产成本，从而优化要素配置；而家庭对外农机服务收入占比越高，农机户发生农地转入行为的可能性降低，农地转入的面积减少。在农机户农业生产经营过程中，农机保险对农机事故具有风险规避作用，拥有农机保险的农机户由于具有较好的风险规避措施，会更倾向于转入农地，扩大家庭耕地面积，但由于当前农机保险的保障水平程度较低，影响也有可能较小。

由于农机存在较强的专用性特征，农机户在家庭农地耕种外常常还从事对外农机作业服务，持有农机也可能助推农机户增加库房等其他生产设施投入，体现出与非农机户在农地耕种、耕地规模、对外服务等方面生产经营行为的差异。对外农机作业服务是农机户重要的生产经营特征，农户拥有的农机总价值越高，对农机依赖程度越深，农机户越可能以农机为主要生产经营工具，更积极地提供对外作业服务，实现生产要素的优化配置，以提高家庭收入。由于对外作业服务增加了农机使用的频率，发生农机事故的风险就会更高，因此拥有更高农机保险覆盖程度的农机户，因为具有更高程度的风险规避能力，也会更倾向于提供对外作业服务，或增加对外作业服务面积。同时，由于资产专用性的特征和拥有农机保险风险规避的措施，农机户对除农机外的其他生产设施投入行为也可能发生变化。农机总价值越高，资产专用性程度越高，农机户对农机依赖加深，可能会增加其他生产设施投入，从而促进农机作用发挥和适度规模经营。

基于以上研究思路，本部分提出假说：农机资产专用性越强，农户为了充分发挥农机的价值，降低生产成本，因而越可能倾向于通过转入农地或提供对外服务或增加其他配套设施投入等以扩大生产规模经营；在这一过程中，农机保险作为农机风险事故规避的工具，由于预期经济风险得到降低，因而也会影响农户生产经营行为，具体体现为购买农机保险可能会促进农机户生产经营活动。本章节在其后将对这一假说进行检验。本章节以下部分将分为农机保险与土地流转、农机保险与对外服务和农机保险与其他生产设施投入 3 个主要小节，分析资产专用性与农机保险对农机户生产经营行为的具体影响。

第二节　农机保险与土地流转

研究的农机户生产经营行为主要为农地转入和规模经营行为，设置是否转入农地、农地转入面积和家庭耕地面积为被解释变量。如表 8-1 所示，是否转入农地为二分变量，样本中 60.3％的农机户发生了转入农地行为。农地转入面积是指家庭实际转入的农地面积；家庭耕地面积是指家庭当前拥有的耕地面积，即承包地面积加上转入地面积并剔除转出农地面积。调查样本中，农地转入面积和家庭耕地面积均值分别为 110.2 亩和 130.7 亩。

将资产专用性定义为狭义资产专用性和广义资产专用性。前者用家庭持有农机[1]的总价值表示，直接体现了农户对农机的依赖程度；后者用对外农机作业收入占家庭总收入的比重表示，间接体现农户对农机的依赖程度。如表 8-1 所示，每农机户家庭农机总价值平均为 150 470 元，对外农机作业收入占比平均为 32.4％。

使用是否购买农机保险、农机保险覆盖率和农机保险保费 3 个变量全面考察农机保险的持有情况。其中，是否购买农机保险为二分变量，0 表示农机户未购买农机保险，1 表示农机户为家中一台或多台农机购买了农机保险；农机保险覆盖率为相对指标，定义为家中购买农机保险的农机台数占家庭农机总台数的比重；农机保险保费是指农机户为家中农机购买保险的保费支出。样本中 83.4％农机户购买了农机保险，户均农机保险覆盖率为 60.2％，户均保费支出为 397.2 元。

将可能影响农机户生产经营行为的户主年龄、受教育程度和风险偏好[2]个人特征，以及农机户家庭人均年纯收入、是否发生农机事故、是否加入农业合作社和是否有生产性贷款、地区虚拟变量等作为模型的控制变量。

农户农机总价值越高，对农机进行生产经营的依赖性越强，农机户越可能倾向于转入农地实现规模经营、对外提供更多农机作业服务和增加其他生产设施投入，实现规模经营，降低农机使用成本，实现经济效益优化。然而，农机

---

[1]　包括各种类型的拖拉机和自走式收割机。

[2]　户主风险偏好变量参考 Dohmen 等（2011）的方法通过设计情景问题调查得到。

户生产经营行为本身也可能影响农户农机购置和使用行为，因此家庭农机总价值可能与农机户生产经营行为存在互为因果的关系，因而本章借鉴现有相关研究[35-37]，使用上一年农机相对价值、上一年农机总价值作为工具变量，以规避模型可能存在的内生性问题。

表 8-1 变量定义与描述性统计

变量名称	变量定义	均值	标准差	最小值	最大值
被解释变量：					
是否转入农地	0＝否；1＝是	0.603	0.490	0	1
农地转入面积	单位：亩	110.2	185.4	0	1 280
家庭耕地面积	家庭承包地加上转入农地，扣除转出农地（单位：亩）	130.7	203.0	0	1 280
是否提供对外农机服务	0＝否；1＝是	0.895	0.307	0	1
对外作业服务面积	单位：亩	707.0	1 056	0	13 000
是否投入其他生产设施	0＝否；1＝是	0.642	0.480	0	1
其他生产设施投入价值	单位：元	74 139	193 912	0	2 000 000
资产专用性变量：					
农机总价值	单位：元	150 470	110 632	3 000	800 000
对外农机作业收入占比	对外农机作业服务收入在家庭总收入中的比重	0.324	0.251	0.006	1
农机保险变量：					
是否购买农机保险	0＝否；1＝是	0.834	0.373	0	1
农机保险覆盖率	家庭参保农机数与家庭农机总数的比值	0.602	0.365	0	1
农机保险保费	单位：元	397.2	373.2	0	3 275
控制变量：					
户主年龄	单位：周岁	48.30	8.679	26	69
户主受教育年限	单位：年	8.908	2.767	0	16
风险爱好型	0＝否；1＝爱好型	0.249	0.433	0	1
风险中性型	0＝否；1＝中性型	0.114	0.318	0	1
风险厌恶型	0＝否；1＝厌恶型	0.638	0.482	0	1
是否加入农业合作社	0＝否；1＝是	0.699	0.460	0	1
家庭人均年纯收入	单位：元	39 207	50 784	500	414 000
是否有生产性贷款	是否有从银行等金融机构的生产性贷款（0＝否；1＝是）	0.428	0.496	0	1

（续）

变量名称	变量定义	均值	标准差	最小值	最大值
是否发生农机事故	0＝否；1＝是	0.039 3	0.195	0	1
江都区	0＝否；1＝江都区	0.336	0.473	0	1
泗阳县	0＝否；1＝泗阳县	0.332	0.472	0	1
丰县	0＝否；1＝丰县	0.332	0.472	0	1
工具变量：					
上一年农机相对价值	上一年家庭农机总价值与当前家庭总资产的比值	0.296	0.358	0	3.372
上一年农机总价值	单位：元	136 572	109 558	0	800 000

在此基础上，将调研样本按照资产专用性程度的差异和农机保险购买情况分别划分为两组，通过均值 T 检验分析两组在均值上是否存在显著差异。其中，按照农机总价值（狭义资产专用性）和对外农机收入占比（广义资产专用性）中位值划分资产专用性程度高与低两组，超过中位值的一组为资产专用性程度高的组，另外的样本划分为资产专用性程度低的组。在农机保险购买情况的分组中，按照是否购买农机保险划分两组，其中购买农机保险为一组，而未购买过农机保险的样本为另一组。狭义资产专用性、广义资产专用性和农机保险购买情况分组样本 T 检验结果如表 8-2 所示。

表 8-2　农机保险与土地流转的交叉分析

变量名称	均值（狭义资产专用性低）	均值（狭义资产专用性高）	T 检验
是否转入农地	0.513	0.693	−0.18***
农地转入面积	66.171 亩	154.535 亩	−88.364***
家庭耕地面积	80.458 亩	181.38 亩	−100.922***

变量名称	均值（广义资产专用性低）	均值（广义资产专用性高）	T 检验
是否转入农地	0.703	0.495	0.208***
农地转入面积	149.598 亩	68.236 亩	81.292***
家庭耕地面积	179.591 亩	78.726 亩	100.865***

变量名称	均值（不购买农机保险）	均值（购买农机保险）	T 检验
是否转入农地	0.605	0.602	0.003
农地转入面积	81.342 亩	115.893 亩	−34.551
家庭耕地面积	88.450 亩	139.106 亩	−50.656

注：*、**、***分别表示在 0.1、0.05 和 0.01 水平上差异显著。

如表 8-2 所示，资产专用性程度不同，是否转入农地、农地转入面积与家庭耕地面积在均值上存在显著差异，农机保险购买情况不同的组则不存在显著差异。狭义资产专用性程度越高，即农机总价值越大，农机户越倾向于转入农地，农地转入面积也会增加，家庭耕地总面积进而增加。而广义资产专用性程度越高，即对外农机作业收入占比越高，农机户偏向于转入较少的农地，家庭耕地总面积也会减少。

资产专用性、农机保险与农机户土地流转与规模经营的实证模型中，是否转入农地是二分变量，选用 Probit 模型进行估计。本节 Probit 模型设定如式（8-1）所示：

$$P(y=1\mid x)=\alpha+\beta_1 Asset\_speci+\beta_2 insurance+\beta_3 X+\sum dummy\_area$$

$$(8-1)$$

其中，$P(y=1\mid x)$ 表示农户是否转入农地，α 为模型常数项，β 为变量系数，$Asset\_speci$ 和 $insurance$ 分别为资产专用型变量和农机保险变量，X 为控制变量，包括户主年龄、受教育程度、风险偏好、是否加入农业合作社、家庭人均年纯收入、是否有生产性贷款和是否发生农机事故变量，$dummy\_area$ 为地区虚拟变量。

由于存在农机户转入农地面积为 0 的样本，因此采用 Tobit 模型进行估计。模型设定如式（8-2）所示，其中，y_i 分别为农机户农地转入面积，其他变量含义不变。

$$y_i'=\alpha+\beta_1 Asset\_speci+\beta_2 insurance+\beta_3 X+\sum dummy\_area,$$

$$y_i=\begin{cases} y_i', & \text{若 } y_i'>0 \\ 0, & \text{若 } y_i'\leqslant 0 \end{cases} \qquad (8-2)$$

农机户家庭耕地面积为不受限的连续变量，因此本节设定多元线性模型采用最小二乘法探究资产专用性和农机保险对农机户家庭耕地面积的影响。同时，由于方程可能存在互为因果的内生性问题，本节还设置农机资产绝对价值的工具变量，采用 Hausman 检验和两阶段最小二乘法检验内生性问题并列示工具变量回归结果作为对照。多元线性模型设定如式（8-3）所示，其中，$Land$ 为农机户家庭耕地面积，其他变量含义不变。

$$Land=\alpha+\beta_1 Asset\_speci+\beta_2 insurance+\beta_3 X+\sum dummy\_area$$

$$(8-3)$$

农地转入与规模经营是农机户重要的生产经营行为，本节考察的农地转入包括农机户是否转入农地和转入农地面积变量，规模经营行为用家庭耕地面积变量表示。

表 8-3 回归结果显示，无论是否加入工具变量，农机总价值均与是否转入农地、农地转入面积和家庭耕地面积呈显著正相关，对外农机作业收入占比均与是否转入农地、农地转入面积和家庭耕地面积呈显著负相关。这说明农户农机总价值越高，农机户越倾向于转入农地，扩大转入农地的面积和家庭耕地面积。这证明本章的假说，即农机总价值越高，沉淀成本越高，农机户对农机的依赖程度也就越深，农户就越倾向于转入农地，扩大经营规模，以摊销农机使用的各项费用，降低单位面积生产经营成本，从而实现规模效应；农机户对外提供农机作业服务取得的收入在家庭收入来源中越重要，农机户也会更加倾向于利用农机开展对外作业服务而非转入农地和扩大自家生产规模，以降低用于家庭内部农地耕种的其他生产要素投入。

表 8-3　资产专用性、风险规避对农机户农地转入与规模经营影响的实证结果

项目	是否转入农地		Ln 农地转入面积		Ln 家庭耕地面积	
	Probit	IV-Probit	Tobit	IV-Tobit	OLS	2SLS
Ln 农机总价值	0.254 *	0.364	1.146***	1.259 *	0.570***	0.632**
	(0.151)	(0.284)	(0.352)	(0.706)	(0.156)	(0.307)
对外农机作业收入占比	−1.345***	−1.367***	−3.768***	−3.795***	−2.172***	−2.183***
	(0.411)	(0.414)	(1.024)	(1.036)	(0.441)	(0.429)
是否购买农机保险	−0.364	−0.423	−0.654	−0.715	−0.171	−0.205
	(0.304)	(0.329)	(0.719)	(0.793)	(0.330)	(0.350)
农机保险覆盖率	−0.432	−0.392	−1.141	−1.104	−0.971***	−0.950***
	(0.323)	(0.336)	(0.742)	(0.769)	(0.339)	(0.339)
农机保险保费支出	0.000 8**	0.000 7 *	0.001 1	0.001 0	0.000 5 *	0.000 4
	(0.000 4)	(0.000 4)	(0.000 7)	(0.000 8)	(0.000 3)	(0.000 4)
户主年龄	−0.023 6**	−0.022 9 *	−0.065 8**	−0.065 2**	−0.031 4**	−0.031 0***
	(0.011 6)	(0.011 7)	(0.027 1)	(0.027 4)	(0.012 3)	(0.012 0)
户主受教育年限	−0.004 7	−0.006 5	−0.032 5	−0.034 1	−0.011 0	−0.011 9
	(0.035 1)	(0.035 3)	(0.086 1)	(0.086 6)	(0.038 7)	(0.037 5)
风险爱好型	−0.165	−0.160	−0.479	−0.472	−0.211	−0.208
	(0.221)	(0.221)	(0.522)	(0.523)	(0.237)	(0.229)
风险中性型	−0.606**	−0.601**	−1.183	−1.178	−0.358	−0.355
	(0.301)	(0.301)	(0.727)	(0.728)	(0.328)	(0.317)

（续）

项目	是否转入农地		Ln 农地转入面积		Ln 家庭耕地面积	
	Probit	IV-Probit	Tobit	IV-Tobit	OLS	2SLS
是否加入合作社	−0.058 3	−0.053 4	0.116	0.123	0.052 2	0.055 1
	(0.216)	(0.216)	(0.506)	(0.507)	(0.230)	(0.222)
Ln 家庭人均年纯收入	0.079 1	0.067 9	0.513**	0.502**	0.318***	0.312***
	(0.102)	(0.105)	(0.236)	(0.245)	(0.110)	(0.109)
是否有生产性贷款	0.221	0.221	1.166***	1.165***	0.814***	0.814***
	(0.190)	(0.190)	(0.447)	(0.447)	(0.205)	(0.198)
是否发生农机事故	0.701	0.688	1.206	1.188	0.494	0.484
	(0.497)	(0.498)	(1.065)	(1.070)	(0.508)	(0.492)
县域特征	是	是	是	是	是	是
内生性检验	Wald 值=0.200 （P=0.652)		Wald 值=0.030 （P=0.854)		Hausman 检验值=0.050 （P=1.000)	

注：括号内为系数的标准误，*** 表示在 0.01 水平上差异显著，** 表示在 0.05 水平上差异显著，* 表示在 0.1 水平上差异显著。

农机保险保费支出与农地转入行为、家庭耕地面积均呈显著正相关，表明农机户在农机保险方面投入越多，转入农地并实行家庭规模经营的可能性就越高。这也与本章的假设一致，农机有较强的资产专用性特点，保费投入越多，农机户规避农机事故风险的能力越强，就越能激励农机户扩大经营规模以分摊农机固定成本，但农机保险保费支出变量回归系数较小，说明农机保险对农机户规模经营的影响程度相对较小。

第三节　农机保险与对外服务

本节研究资产专用性、农机保险对农机户对外提供作业服务行为的影响。在农机户对外农机作业服务行为实证模型中，将是否对外提供服务和对外提供服务面积作为被解释变量，其中，是否对外提供服务为二分变量，样本中89.5％农机户开展对外农机作业服务，对外提供服务面积均值为707亩。资产专用型变量、农机保险变量、控制变量均保持不变。表 8-4 为农机保险与对外服务的均值 T 检验结果，如表 8-4 所示，对外农机作业服务在广义资产专用性程度不同的分组中在均值上存在显著差异，农机保险购买情况不同的组则不存在显著差异。广义资产专用性程度越高，即对外农机作业收入占比越高，农机户倾向于增加对外提供农机作业服务的面积。

表 8-4　农机保险与对外服务的交叉分析

变量名称	均值（狭义资产专用性低）	均值（狭义资产专用性高）	T 检验
是否提供对外农机作业服务	0.913	0.877	0.036
对外作业服务面积	771.391 亩	642.105 亩	129.286

变量名称	均值（广义资产专用性低）	均值（广义资产专用性高）	T 检验
是否提供对外农机作业服务	0.873	0.919	−0.046
对外作业服务面积	472.288 亩	956.577 亩	−484.289***

变量名称	均值（不购买农机保险）	均值（购买农机保险）	T 检验
是否提供对外农机作业服务	0.895	0.895	0.000
对外作业服务面积	530.263 亩	742.199 亩	−211.936

注：*、**、***分别表示系数在 0.1、0.05 和 0.01 水平上差异显著。

在是否提供对外农机作业服务的实证模型中，是否提供对外服务是二分变量，选用 Probit 模型进行估计。本节 Probit 模型设定仍如前述式（8-1）所示，即：

$$P(y=1\mid x)=\alpha+\beta_1 Asset\_speci+\beta_2 insurance+\beta_3 X+\sum dummy\_area$$

$$(8-4)$$

其中，$P(y=1\mid x)$ 表示农户是否提供对外农机作业服务，其他变量同上节所述。

由于存在农机户提供对外农机作业服务面积为 0 的样本，因此采用 Tobit 模型进行估计。模型设定仍如式（8-2）所示，其中，y_i 为农机户对外作业服务面积，其他变量含义不变。

$$y'_i=\alpha+\beta_1 Asset\_speci+\beta_2 insurance+\beta_3 X+\sum dummy\_area,$$

$$y_i=\begin{cases} y'_i, & 若\ y'_i>0 \\ 0, & 若\ y'_i\leqslant 0 \end{cases} \qquad (8-5)$$

对外提供农机作业服务是农机户的主要生产经营行为之一，体现农机户相较于非农机户在生产经营方面的主要差异。资产专用性、风险规避对农机户对外农机作业服务影响的实证结果如表 8-5 所示。

在农机户是否提供对外农机作业服务模型中，农机总价值、是否加入农业合作社通过了显著性检验；在农机户对外作业服务面积模型中，农机总价值、农机保险覆盖率、风险爱好型、是否加入农业合作社和是否有生产性贷款变量通过了显著性检验。农机总价值显著促进了农机户对外提供农机作业服务行为与对外作业服务面积，这是因为对外提供农机作业服务是农户为充分运用家庭农机资源要素获得增收的重要生产经营活动，拥有更高农机价值的农机户，其沉淀成本越高，其生产经营行为与农机联系的紧密程度越高，在农户自有农地面积有限的情况下，为了更好地发挥农机的效率，就越倾向于发展对外服务经营以更充分地利用农机资产。

农机提供对外作业服务，必然会面临驾驶农机外出、作业地不甚熟悉等问题带来更高的风险因素，因此，如果农机户拥有农机保险，就解决了农机户外出作业对事故风险的担忧，因而农机保险这一风险规避因素对农机对外作业服务具有显著的促进作用。表 8-5 实证也充分证明了农机户农机保险覆盖率越高，农机户对外农机作业服务面积越大。

表 8-5 资产专用性、风险规避对农机户对外作业服务行为影响的实证结果

项目	是否提供对外服务		Ln 对外作业服务面积	
	Probit	IV-Probit	Tobit	IV-Tobit
Ln 农机总价值	0.297*	0.183	0.522**	0.470
	(0.174)	(0.480)	(0.224)	(0.452)
是否购买农机保险	−0.102	−0.0534	−0.192	−0.164
	(0.452)	(0.490)	(0.469)	(0.515)
农机保险覆盖率	0.467	0.433	0.877*	0.859*
	(0.456)	(0.475)	(0.484)	(0.501)
农机保险保费支出	−0.000 1	−0.000 01	−0.000 3	−0.000 3
	(0.000 4)	(0.000 5)	(0.000 5)	(0.000 5)
控制变量	是	是	是	是
县域特征	是	是	是	是
内生性检验	Wald 值＝0.060 (P＝0.799)		Wald 值＝0.020 (P＝0.894)	

注：括号内为系数的标准误，*** 表示在 0.01 水平上差异显著，** 表示在 0.05 水平上差异显著，* 表示在 0.1 水平上差异显著。

在控制变量方面，相较于风险厌恶型农机户，风险爱好型农机户更可能增加对外农机服务面积；加入农业合作社的农机户更倾向于采取对外农机作业服务行为，对外服务面积也更多，表明合作社这一较为紧密的组织形式能够通过降低市场成本、提高信息沟通等途径助推农机户对外作业服务。获得农业生产性贷款的农机户更倾向于减少对外农机服务面积，结合表 8-5 的回归结果进行解释，这是由于获得农业生产性贷款的农机户更倾向于通过土地流转扩大自身经营规模或增加其他经营性投入，因而无暇兼顾对外服务。

第四节　农机保险与其他生产设施投入

本节研究资产专用性、农机保险对农机户其他生产设施投入行为的影响。在农机户其他生产设施投入行为实证模型中，被解释变量为是否投入其他生产设施和其他生产设施投入价值。是否投入其他生产设施变量为二分变量，样本中64.2%的农机户具有其他生产设施投入，其总价值均值为74 139元。资产专用性变量、农机保险变量、控制变量均保持不变。表8-6为农机保险与对外服务的均值 T 检验结果。如表8-6所示，资产专用性程度不同，是否投入其他生产设施和其他生产设施投入价值在各组间均存在显著差异。狭义资产专用性程度越高，即农机总价值越大，农机户越倾向于投入其他生产设施和增加投入价值；而广义资产专用性程度越高，即对外农机作业收入占比越高，农机户偏向于减少其他生产设施投入价值。相对于未购买农机保险的农户，购买农机保险的农户更愿意投入其他生产设施和增加相应投入价值。

表8-6　农机保险与其他生产设施投入的交叉分析

变量名称	均值（狭义资产专用性低）	均值（狭义资产专用性高）	T 检验
是否投入其他生产设施	0.557	0.728	−0.171***
其他生产设施投入价值	43 612.17元	104 934.2元	−61 322.03**

变量名称	均值（广义资产专用性低）	均值（广义资产专用性高）	T 检验
是否投入其他生产设施	0.712	0.568	0.144**
其他生产设施投入价值	113 478.8元	32 318.92元	81 159.88***

变量名称	均值（不购买农机保险）	均值（购买农机保险）	T 检验
是否投入其他生产设施	0.500	0.670	−0.170**
其他生产设施投入价值	20 576.32元	84 795.81元	−64 219.49*

注：*、**、***分别表示在0.1、0.05和0.01的水平上差异显著。

在是否投入其他生产设施的实证模型中，是否投入其他生产设施是二分变量，选用 Probit 模型进行估计。本节 Probit 模型设定仍如式（8-1）所示，即：

$$P(y=1 \mid x) = \alpha + \beta_1 Asset\_speci + \beta_2 insurance + \beta_3 X + \sum dummy\_area$$

$$(8-6)$$

其中，$P(y=1 \mid x)$ 表示农户是否投入其他生产设施，其他变量同上节所述。

由于存在农机户其他生产设施投入价值为 0 的样本，因此采用 Tobit 模型进行估计。模型设定仍如式（8-2）所示，其中，y_i 为农机户其他生产设施投入价值，其他变量含义不变。

$$y'_i = \alpha + \beta_1 Asset\_speci + \beta_2 insurance + \beta_3 X + \sum dummy\_area,$$

$$y_i = \begin{cases} y'_i, & 若\ y'_i > 0 \\ 0, & 若\ y'_i \leqslant 0 \end{cases} \tag{8-7}$$

表 8-7 为资产专用性、风险规避对农机户其他生产设施投入行为影响的实证结果。结果显示，农机总价值对农机户其他生产设施投入行为存在显著的正向影响，原因在于农机户农机资产专用性程度越高，越倾向于增加农机配套生产设施和其他生产设施投入以实现产业链延伸，分散经营风险提高农业生产效益。然而，对外农机作业收入占比对农机户增加其他生产设施投入行为的影响不显著，农机保险由于其保险范围与其他生产设施投入关系不紧密，因而农机保险对农机户增加其他生产设施投入行为的影响也不显著，这与预期相符。

表 8-7　资产专用性、风险规避对农机户其他生产设施投入行为影响的实证结果

项目	是否增加其他生产设施投入		Ln 其他生产设施投入价值	
	Probit	IV-Probit	Tobit	IV-Tobit
Ln 农机总价值	0.312**	0.216	1.948**	1.257
	(0.153)	(0.289)	(0.821)	(1.618)
对外农机作业收入占比	−0.326	−0.313	−2.008	−1.873
	(0.403)	(0.404)	(2.199)	(2.219)
是否购买农机保险	−0.231	−0.178	−0.657	−0.274
	(0.297)	(0.326)	(1.675)	(1.846)
农机保险覆盖率	0.283	0.249	1.667	1.452
	(0.310)	(0.322)	(1.691)	(1.749)
农机保险保费支出	0.000 3	0.000 3	0.001 4	0.001 9
	(0.000 3)	(0.000 3)	(0.001 6)	(0.001 9)
控制变量	是	是	是	是
县域特征	是	是	是	是
内生性检验	Wald 值=0.160 (P=0.694)		Wald 值=0.250 (P=0.620)	

注：括号内为系数的标准误，** 表示在 0.05 水平上差异显著。

第五节　本章小结

本章基于江苏省农机户的实地调查数据，探讨了农机资产专用性和农机保险对农机户生产经营行为的影响。将农机户生产经营行为划分为农地转入与规模经营行为、对外农机作业服务和其他生产设施投入行为3个方面，并按照资产依赖程度将农机资产专用性划分为狭义的农机总价值与广义的对外农机作业收入占比两个维度。研究结果表明，由于农机户对专用性农机资产的高度依赖与农机生产作业高风险的特征，农机资产专用性与农机保险风险规避两方面的因素会影响到农机户生产经营行为。农机户农机总价值越高，在生产经营过程中就越倾向于转入农地、对外提供作业服务和投入其他生产设施，以实现规模经营，而对外农机作业收入占家庭总收入的比重越高，农机户转入农地、规模经营与投入其他生产设施的激励就越低；购买农机保险能够有效规避农机事故风险，提高了农机户的生产积极性，促进农机户扩大对外作业服务面积和转入农地。

推进农机化进程是发展现代农业的动力源泉和实现农业高质量发展的必要保障，研究资产专用性、农机保险对农机户生产经营行为的影响能够为农机化与农机保险相关政策制定和农业改革稳步推进提供参考。农机是高度专用的实物资产，流动性差，交易能力低，为了有效引导农机户充分发挥农机的价值，帮助农机户减少生产经营成本，实现规模经营，政府需要健全农地流转机制，保障农地确权工作顺利开展，降低农地流转的交易成本和信息监督成本，并研究延长和稳定土地租期的措施，提高农地流转效率。其次，购买和养护农机需要农户面临一定的经济负担，因此政府需要继续稳步推行农机购置补贴和作业补贴政策，合理降低农机购置和使用成本，缓解农机户生产经营负担，促进农机户增收。另外，农机保险是农机户规避事故风险、保障生产经营活动顺利进行的主要工具，农机保险需要进一步优化保障水平设计、保险条款和理赔过程，争取各级政府资金投入给予适度保费补贴，以缓解由于外部性导致的农机保险有效需求不足，并且，通过宣传或培训等方式提高农机户对农机保险的认知，建立健全农机户风险防范和应对机制，借助保险支农加快农业现代化与农业高质量发展。

第九章

我国农机保险发展展望

　　本书通过对江苏省农机政策性保险和陕西省农机互助保险这两种模式进行重点析研究，发现两种保险模式各有优劣，并且在实施初期也出现一些问题，需进一步完善。但根据目前发展态势，在未来一定时期内，这些农机保险不同经营模式仍会并行存在，并不会被相互取代。因此，两种不同模式在继续自身发展的同时，也要借鉴对方的长处补自己的短处，其他非试点地区在发展农机保险的过程中也应汲取不同模式的先进经验，摒弃不足，从而更好地为农机服务，使农机保险真正成为一项普惠政策。

　　对于以江苏为代表的农机政策性保险，目前实施效果良好，能够很好地缓解农户事故经济负担，但农户对保险条款理解和保险理赔证明材料复杂程度的满意度较低，因此农机保险承保公司应秉承半公益性宗旨，进一步优化农机保险查勘定损程序，取消无法提供或可显而易见的事故损失证明材料，加快赔付速度，提高保险赔付比例，尽量做到"能赔尽赔"，切实减轻农民经济负担，提高服务水平，切实发挥帮助农户挽回经济损失的能力。同时，应尽可能采取送检下乡，在农机监理部门设立投保窗口或结合农机年检办理保险等便民措施，为民分忧，争取得到社会更高程度的认可，切实发挥农机保险效用。

　　对于农机互助保险，可以与专业性保险公司开展适当的合作，以提高抗风险的能力。农机互助保险是农民自愿开展的以互助共济为目的的合作保险，该保险在开展的 10 年间很好地缓解了农机事故给农户带来的经济负担，但也有一个重大缺点，便是在重大农机事故频发时，少量的保费难以负担巨额赔付。因此，农机互助保险应与商业保险公司合作，利用再保险机制提高农机互助保险的抗风险能力，增强互助保险体系的稳定性。另外，向商业公司购买再保险，还能降低事故查勘定损过程中存在的道德风险问题，为农机互助保险会员带来更为安全公平的保险环境。

　　农机保险的持续健康发展不仅有赖于农户的积极参与和自身制度的逐步完善，更需要政府的积极参与，给予扶持，以保障其平稳运行，最大程度上维护农户的权益。政府的作为主要体现在两个方面：一是政府要加大财政支持力度，如可以按一定比例补贴保费，使更多的农户以较低的成本参与到这项惠民政策中来；二是政府要加大监管力度，使农机保险市场可以有一个更公平公正的环境，切实保障政策的平稳、长效运行。

基于目前我国农机保险还处于初级阶段，需要多方位扶持才能得到更好的发展，因此本书提出以下几个方面的政策建议：

第一，改进保险产品设计，完善农机保险制度。无论是江苏省的农机政策性保险还是陕西省的农机互助保险，需要探索研究和完善的问题都还很多，在深入研究农机事故机型特征和经济损失的基础上，改进保险产品设计，如针对事故率较高、农机自身价值较高的联合收割机等机型，或事故损失赔付额较高的人员死亡等情况，提供多档保障水平产品供农户选择，满足拥有大型高端农机或不同风险偏好类型的农户家庭的多样化保险需求，同时优化农机保险条款，在农机综合险与上道路行驶拖拉机交强险衔接方面，进一步明确上道路行驶拖拉机界定、分类，便于农户清晰掌握，进一步完善农机保险制度。

第二，提高政府重视程度，缓解地区间不平衡，增强农户的参保意识。一方面，农机生产安全关系到粮食安全和农村社会和谐稳定，农机保险的重要性应争取得到政府更广泛层面的重视，从现阶段仅有的农机管理部门延伸至农业、保险、安全管理等更广泛的部门，争取得到他们的实质性支持；另一方面，不管省内还是省外，由于地区经济发展不平衡、气候地形等因素的影响，导致各地区农作物之间的差异，不同农作物需要专门的农机，各地区农机需求存在显著差异，地方政府对农机保险的重视程度也不同，而且往往经济越不发达的地区对农机保险的需求越强烈。为了有效分散农机风险、降低农机事故发生率，需要农机管理部门切实贯彻落实农机安全管理制度，扩大宣传、加强培训，以提高农民机手安全意识和生产技能，调动农村社会力量参与和监督农机安全生产。因此，应通过政策法规等文件进一步加以明示，大力提高地方政府重视程度，有效推动政策性农机保险政策落实。

第三，持续稳定加大投入，提高续保和投保率。2017 年江苏省农机政策性保险总保费收入 6 344.27 万元，财政补贴额共计 1 309.13 万元；2017 年陕西省农机互助保险总保费收入 1 162.57 万元，财政补贴额共计 356.39 万元。尽管江苏省规定各级政府提供不低于 50% 的保费补贴政策，陕西省规定省、市、县财政部门共补贴保费的 40%，但目前我国农民仍然不富裕，保险意识相对淡薄，保费对农户来说负担依旧不轻。而目前我国种植业、养殖业保险等传统农业保险保费补贴比例均在 70% 以上，因此农民对农机保险财政保费补贴比例提高期望值较高。建议中央财政给予农机保费一定程度的补贴，鼓励地方各级政府持续稳定并争取加大投入，提高补贴标准，尽可能减轻农户保费负担，维持已参保农户续保积极性，引导大量新农户投保，尽量做到"应保尽保"，从而提高农机保险总体参保率。

第四，加大保险宣传力度，增强农户保险意识。农机保险的宣传教育工作不仅能预防农机事故发生、增强农户对农机保险重要性的认知、推动农机保险发展，还能提高事故发生后的查勘定损和理赔效率。针对目前普遍存在的农户存在侥幸心理、农机保险认知程度较低、对保险产品存在固有偏见等情况，政府和相关机构均应加大保险宣传力度，在农闲时节组织农村社区和合作社开展宣传活动，可借助电视、广播、手机等媒体，依托农机业务部门宣传栏，悬挂横幅，发放宣传手册或组织专题培训和宣讲活动等，向农户宣传农机事故危害和保险知识；在农忙时节前，组织农机操作人员集中学习，通过宣传农机安全检查、操作、定时维修等知识，增强农机驾驶人员年农机安全操作意识；通过农机事故案例分析，对农户进行警示教育，增强农户农机保险意识，提高预防农机事故的警惕性，提升广大农民群众的安全意识，不断提高参保率，让这项惠农政策深入农村，成为普惠政策。

第五，明确信息报送机制，加强投保理赔数据管理。农机政策性保险和农机互助保险开展时间都较短，监管相对困难，导致投保理赔数据搜集难度较高，而该数据是加强农机综合险管理和决策的依据，没有数据的支撑，将无法做到农机保险的精细化管理，难以实现财政补贴资金的效用最大化。因此，应建立农机保险数据信息报送制度，对报送内容和报送时间做出明确规定，全部的投保理赔数据信息集中汇总在省农机局，以监督农机保险政策落实情况，并定期分析农机事故发生规律和保险风险，抽查投保理赔信息的真实性；部分信息通过农业保险网公开，方便农户查询本人参保和理赔情况。以便政府能够根据保险赔款数据，不断完善保险条款和保险费率，切实保障农民利益，让惠农政策惠及每户农机家庭。

参 考 文 献

[1] 曹蕾，曹光乔．农户对农机保险的认知、需求与参保意愿研究：基于江苏省的实证分析 [J]．中国农学通报，2013，29 (23)：103-106.

[2] 赵婉男，宋凤娇，占凌微，等．农机保险需求影响因素分析 [J]．农机化研究，2013，35 (12)：36-39.

[3] 王强，秦军伟，陈彬．农机保险属性与模式研究 [J]．农机化研究，2008 (6)：245-247.

[4] 赵野，马姝岑，白艳．我国农机保险发展现状及对策建议 [J]．中国农机化学报，2017，38 (7)：124-127.

[5] 张冬林，王波．农机保险现状分析及相关政策定位的研究 [J]．中国农机化，2012 (1)：31-34.

[6] 李士森，任金政．我国农机保险财政补贴方案研究 [J]．中国农业资源与区划，2016，37 (1)：136-142.

[7] 燕静宏，赵红彬．江苏省农机政策性保险困难及对策分析 [J]．江苏农机化，2010 (6)：6-8.

[8] 于洋，王尔大．多保障水平下农户的农业保险支付意愿：基于辽宁省盘山县水稻保险的实证分析 [J]．中国农村观察，2011 (5)：55-68.

[9] 袁连升，范静．农机互助保险的中外比较研究 [J]．中国农机化学报，2014，35 (4)：315-318.

[10] 姚新胜，张彩霞，樊沙沙，等．中国农业机械保险现状分析及发展对策 [J]．中国农学通报，2011，27 (14)：161-164.

[11] 韩珂．基于供需意愿的我国农机保险模式研究 [D]．北京：中国农业大学，2014.

[12] 农业部农业机械化管理司．农机安全生产管理概论 [M]．北京：中国农业出版社，2015.

[13] 李丹，刘胜楠．基于 Shapley Value 方法的我国农机互助保险合作博弈研究 [J]．金融理论与实践，2016 (8)：85-89.

[14] 刘永刚．黑龙江省农机保险支持农机合作社治理机制完善的对策 [J]．经济研究导刊，2016 (5)：167-168.

[15] 宁满秀，苗齐，邢鹂，等．农户对农业保险支付意愿的实证分析：以新疆玛纳斯河流域为例 [J]．中国农村经济，2006 (6)：43-51.

[16] 刘增金，乔娟，沈鑫琪．偏好异质性约束下食品追溯标签信任对消费者支付意愿的影

响：以猪肉产品为例［J］. 农业现代化研究，2015，36（5）：834-841.

［17］HERRIGES J A，SHOGREN J F. Starting point bias in dichotomous choice valuation with follow-up questioning［J］. Journal of environmental economics and management，1996，30：112-131.

［18］王舒娟. 小麦秸秆还田的农户支付意愿分析：基于江苏省农户的调查数据［J］. 中国农村经济，2014（5）：74-85.

［19］DOHMEN T，FALK A，HUFFMAN D，et al. Individual risk attitudes：measurement，determinants，and behavioral consequences［J］. Journal of the European Economic Association，2011，9（3）：522-550.

［20］孙香玉，钟甫宁. 对农业保险补贴的福利经济学分析［J］. 农业经济问题，2008（2）：4-11.

［21］BURTON M. A semi-parametric estimator of willingness-to-pay applied to dichotomous choice contingent valuation data［J］. Australian economic papers，2000，39（2）：200-214.

［22］YUYING A M. A semi-parametric distribution for willingness-to-pay and statistical inference with dichotomous choice contingent valuation data［J］. American journal of agricultural economics，2000，82（3）：487-500.

［23］王静. 双边界二分式 CVM 统计模型研究及应用［D］. 哈尔滨：东北农业大学，2014.

［24］行学敏，惠君，张苗苗. 陕西农机互助保险事故分析［J］. 中国农机监理，2018（11）：25.

［25］朱喜，史清华，李锐. 转型时期农户的经营投资行为：以长三角 15 村跟踪观察农户为例［J］. 经济学，2010，9（2）：713-730.

［26］侯建昀，霍学喜. 专业化农户农地流转行为的实证分析：基于苹果种植户的微观证据［J］. 南京农业大学学报（社会科学版），2016，16（2）：93-104.

［27］WILLIAMSSON O E. The mechanism of governance［M］. New York：Oxford University Press，1996.

［28］WILLIAMSSON O E. The economic institutions of capitalism［M］. New York：Free Press，1985.

［29］李孔岳. 农地专用性资产与交易的不确定性对农地流转交易费用的影响［J］. 管理世界，2009（3）：92-98.

［30］罗必良，李尚蒲. 农地流转的交易费用：威廉姆森分析范式及广东的证据［J］. 农业经济问题，2010，31（12）：30-40.

［31］李金玉，杨钢桥，赵微，等. 农地整治项目建后管护模式的绩效差异及其原因分析［J］. 资源科学，2016，38（9）：1711-1722.

［32］林文声，陈荣源，王志刚. 农地确权、资产专用性与农地流转［J］. 干旱区资源与环

境，2017，31（10）：1-6.

［33］谭崇静，杨仕，杨茂佳．农机互助保险及其需求影响因素研究［J］．价格理论与实践，2017（1）：129-132.

［34］冯晓龙，刘明月，仇焕广，等．资产专用性与专业农户气候变化适应性生产行为：基于苹果种植户的微观证据［J］．中国农村观察，2018（4）：74-85.

［35］高梦滔，和云，师慧丽．信息服务与农户收入：中国的经验证据［J］．世界经济，2008（6）：50-58.

［36］程名望，JIN Y，盖庆恩，等．农村减贫：应该更关注教育还是健康？基于收入增长和差距缩小双重视角的实证［J］．经济研究，2014，49（11）：130-144.

［37］王子成．劳动力外出对农户生产经营活动的影响效应研究：迁移异质性视角［J］．世界经济文汇，2015（2）：74-90.

图书在版编目（CIP）数据

中国农机保险实践与探索/曹蕾等著 . —北京：
中国农业出版社，2019.12
ISBN 978-7-109-26257-7

Ⅰ.①中… Ⅱ.①曹… Ⅲ.①农业机械－农业保险－
研究－中国 Ⅳ.①F842.66

中国版本图书馆 CIP 数据核字（2019）第 275182 号

中国农机保险实践与探索

ZHONGGUO NONGJI BAOXIAN SHIJIAN YU TANSUO

中国农业出版社出版

地址：北京市朝阳区麦子店街 18 号楼

邮编：100125

责任编辑：汪子涵　　文字编辑：丁晓六

版式设计：杜　然　责任校对：范　琳

印刷：北京中兴印刷有限公司

版次：2019 年 12 月第 1 版

印次：2019 年 12 月北京第 1 次印刷

发行：新华书店北京发行所

开本：700mm×1000mm　1/16

印张：9

字数：210 千字

定价：70.00 元